RUDOLF LUTZ

Die Geschäftsregierung nach dem Grundgesetz

Schriften zum Öffentlichen Recht

Band 97

Die Geschäftsregierung nach dem Grundgesetz

Von

Dr. Rudolf Lutz

DUNCKER & HUMBLOT / BERLIN

Alle Rechte vorbehalten
© 1969 Duncker & Humblot, Berlin 41
Gedruckt 1969 bei Alb. Sayffaerth, Berlin 61
Printed in Germany

Vorwort

Die vorliegende Schrift wurde im Mai 1968 abgeschlossen und im Dezember desselben Jahres von der Juristischen Fakultät der Universität Heidelberg als Dissertation angenommen.

Für die Betreuung der Arbeit sowie die wertvollen Anregungen und Hinweise sei an dieser Stelle meinem verehrten Lehrer, Herrn Professor Dr. Dr. Ernst-Wolfgang Böckenförde, sehr herzlich gedankt.

Mein Dank gilt darüber hinaus Herrn Ministerialrat a. D. Dr. Johannes Broermann, der die Veröffentlichung der Arbeit durch die Aufnahme in sein Verlagsprogramm ermöglichte.

Heidelberg, im Juli 1969

Rudolf Lutz

Inhaltsverzeichnis

Einleitung

I. Gegenstand der Arbeit und Problemstellung 9

II. Die Entstehungsgeschichte des Art. 69 GG 11

III. Der Gang der Untersuchung 16

Erster Teil

Voraussetzungen für die Bildung der Geschäftsregierung

A. Die Beendigungsgründe der Amtszeit des Bundeskanzlers 17

    I. Der Zusammentritt eines neuen Bundestages 18

    II. Das Mißtrauensvotum nach Art. 67 GG 19

    III. Die Wahl eines anderen Bundeskanzlers nach Art. 68 Abs. 1 Satz 2 GG 22

    IV. Der Rücktritt des Bundeskanzlers 22

    V. Tod und Amtsverlust des Bundeskanzlers 26

B. Die Beendigungsgründe der Amtszeit eines Bundesministers 27

    I. Die Erledigung des Amtes der Bundesminister als Folge der Erledigung des Amtes des Bundeskanzlers 27

    II. Der Rücktritt eines Bundesministers 28

    III. Die Entlassung eines Bundesministers 29

    IV. Tod und Amtsverlust eines Bundesministers 31

Zweiter Teil

Die Bildung der Geschäftsregierung

A. Die Weiterführung der Geschäfte des Bundeskanzlers 32

   I. Die Weiterführung der Geschäfte durch den bisherigen Bundeskanzler 32

      1. Form und Inhalt des Ersuchens nach Art. 69 Abs. 3 GG 33

      2. Die Pflicht des Bundespräsidenten, das Ersuchen an den Bundeskanzler zu richten 35

      3. Die Pflicht des Ersuchten zur Weiterführung der Geschäfte 36

   II. Die Fortführung der Geschäfte des Bundeskanzlers durch eine andere Person 37

      1. Amtsübernahme durch den Stellvertreter des Bundeskanzlers 38

      2. Das Ersuchen des Bundespräsidenten nach Art. 69 Abs. 3 GG 39

      3. Das außerordentliche Ernennungsrecht des Bundespräsidenten 42

B. Die Weiterführung der Geschäfte eines Bundesministers 44

   I. Die Zulässigkeit der Vakanz im Amt eines Bundesministers 45

   II. Die Weiterführung der Geschäfte durch den bisherigen Bundesminister 52

      1. Die Zuständigkeit für das Ersuchen an einen Bundesminister 52

      2. Die Pflicht zum Ersuchen der Minister um Weiterführung der Geschäfte 58

   III. Die Fortführung der Geschäfte eines Bundesministers durch eine andere Person 58

      1. Die Bestellung eines Geschäftsführers nach Art. 69 Abs. 3 GG 59

      2. Die Bestellung eines Geschäftsführers außerhalb des Art. 69 Abs. 3 GG 61

Dritter Teil

Die verfassungsrechtliche Stellung der Geschäftsregierung

A. *Der Rechtscharakter der Geschäftsregierung* 64

B. *Die Kompetenz geschäftsführender Regierungen* 70

  I. Die Stellungnahme des Schrifttums 70

  II. Die Argumente für und gegen eine allgemeine Beschränkung der Kompetenz der Geschäftsregierung 72

  III. Fehlende Befugnisse des geschäftsführenden Bundeskanzlers und des Kabinetts 75

Zusammenfassung 80

Literaturverzeichnis 83

Abkürzungsverzeichnis

AöR	=	Archiv des öffentlichen Rechts
ARA	=	Allgemeiner Redaktionsausschuß
BBG	=	Bundesbeamtengesetz
BGG	=	Bonner Grundgesetz
BGBl.	=	Bundesgesetzblatt
BMinG	=	Bundesministergesetz
BVerfGE	=	Entscheidungen des Bundesverfassungsgerichts (zit. nach Band und Seite)
DÖV	=	Die öffentliche Verwaltung (zit. nach Jahreszahl und Seite)
Drs.	=	Drucksache
DVBl.	=	Deutsches Verwaltungsblatt (zit. nach Jahreszahl und Seite)
Entwürfe	=	Parlamentarischer Rat, Grundgesetz für die Bundesrepublik Deutschland (Entwürfe), Formulierungen der Fachausschüsse, des Allgemeinen Redaktionsausschusses, des Hauptausschusses und des Plenums, Bonn 1948/49
GeschO BReg	=	Geschäftsordnung der Bundesregierung
GeschO BT	=	Geschäftsordnung des Bundestages
GeschO RReg	=	Geschäftsordnung der Reichsregierung
GG	=	Grundgesetz
GGO	=	Gemeinsame Geschäftsordnung der Bundesministerien
GMBl.	=	Gemeinsames Ministerialblatt, herausgegeben vom Bundesministerium des Innern
HA	=	Hauptausschuß
HA-Steno	=	Parlamentarischer Rat, Verhandlungen des Hauptausschusses, Bonn, 1948/49, Stenographische Protokolle
HChE	=	Entwurf des Verfassungskonvents von Herrenchiemsee
HDStR	=	Handbuch des Deutschen Staatsrechts
JöR (N. F.)	=	Jahrbuch des öffentlichen Rechts (Neue Folge)
JZ	=	Juristenzeitung (zit. nach Jahreszahl und Seite)
OrgA	=	Organisationsausschuß
RGZ	=	Entscheidungen des Reichsgerichts in Zivilsachen (zit. nach Band und Seite)
Stenoprot.	=	Maschinenschriftliche Stenoprotokolle des Organisationsausschusses des Parlamentarischen Rats, Fotokopie, Bibliothek des Bundesverfassungsgerichts, Karlsruhe
VVDStRL	=	Veröffentlichungen der Vereinigung der Deutschen Staatsrechtlehrer, Berlin 1924 ff.
WRV	=	Weimarer Reichsverfassung

Einleitung

I. Gegenstand der Arbeit und Problemstellung

Es ist eine typische Konsequenz eines auf dem parlamentarischen Prinzip aufgebauten Regierungssystems, daß ein Regierungswechsel oder die Ersetzung eines Regierungsmitgliedes sich nicht so reibungslos vollzieht wie in einem System, in dem die Regierung autoritär und ohne Mitwirkung anderer Staatsorgane eingesetzt wird. Besonders in Ländern, in denen die Existenz von mehr als zwei politischen Parteien, von denen keine über die absolute Mehrheit verfügt, zur Bildung von Koalitionen nötigt, kann zwischen der Entlassung der alten und der Ernennung der neuen Regierung eine große Zeitspanne liegen, so daß in dieser Zwischenzeit ein regierungsloser Zustand droht. Aus dem unabdingbaren Erfordernis der Permanenz der Exekutive folgt aber, daß vom Augenblick der Beendigung der Amtszeit der alten Regierung bis zum Amtsantritt der neuen ein Träger der Regierungsfunktion vorhanden sein muß, der die Geschäfte einstweilen weiterführt. Das geschieht durch die nach ihrer Funktion benannte Geschäftsregierung, die auch als geschäftsführende Regierung oder Demissionsregierung bezeichnet wird[1].

Mit der Einführung des parlamentarischen Regierungssystems in Deutschland entfaltete sich zugleich auch die rechtliche und politische Problematik des Instituts der Geschäftsregierung, da die Parteienzersplitterung zu häufigem Regierungswechsel führte und die Schwierigkeit der Regierungsneubildung die Einsetzung geschäftsführender Regierungen notwendig machte, die im Reich oft monatelang die Staatsgeschäfte führten[2], in einigen Ländern sogar zu einer dauernden Ein-

---

[1] Diese Begriffe werden gewöhnlich nur in diesem Sinne verstanden. Allerdings hat Reichskanzler Cuno sein 1922 gebildetes Kabinett als „Geschäftsministerium" bezeichnet. Er meinte in diesem Fall jedoch ein Kabinett, das nicht auf parlamentarischer Grundlage aufgebaut war, sondern ohne irgendwelche Bindung gegenüber den Parteien, zur Hälfte aus Parlamentariern der Arbeitsgemeinschaft der Mitte, zur anderen Hälfte aus nichtparlamentarischen Fachleuten zusammengesetzt war; vgl. Herrfahrdt, Die Kabinettsbildung nach der Weimarer Verfassung unter dem Einfluß der politischen Praxis, Berlin 1927, S. 33.

[2] z. B. die 2. Regierung Marx vom 20. 10. 1924 bis 15. 1. 1925; die 1. Regierung Luther vom 5. 12. 1925 bis 20. 1. 1926; die 3. Regierung Marx vom 17. 12. 1926 bis 1. 2. 1927; vgl. Poetzsch-Heffter, Vom Staatsleben unter der Weimarer Verfassung, JöR Bd. 17 (1929), S. 103.

richtung wurden[3]. Es ist darum auch erklärlich, daß das Institut der Geschäftsregierung damals vielfach diskutiert wurde, während es in der neueren staatsrechtlichen Literatur wegen der heute vergleichsweise stabilen Regierungen und der dadurch bedingten mangelnden Aktualität nur wenig Beachtung fand und monographisch überhaupt noch nicht behandelt wurde.

Eine nähere Beschäftigung mit diesem Thema zeigt indessen, daß das Grundgesetz diese Materie teilweise unzureichend und nicht völlig zweifelsfrei geregelt hat. Bei dem mit der vorliegenden Arbeit unternommenen Versuch, diese Lücke zu schließen, erscheint eine vergleichende Betrachtung mit der Geschäftsregierung der Weimarer Reichsverfassung trotz der reichen praktischen Erfahrungen und der wissenschaftlichen Durchdringung dieser Materie wenig sinnvoll. Denn das früher im Vordergrund stehende Problem der Kompetenz besonders derjenigen Geschäftsregierung, die über Monate oder Jahre hinaus amtierte, ist auch von der älteren Literatur nicht gelöst worden und stellt sich heute allenfalls noch in Ausnahmefällen.

Statt dessen ist durch die unvollkommene und wenig geglückte grundgesetzliche Regelung der Geschäftsregierung sowie durch die Beseitigung der Abhängigkeit des Kanzlers vom Präsidenten das Problem in den Vordergrund gerückt, wer die einzelnen Mitglieder der Geschäftsregierung bestellt und somit Einfluß auf die personelle Zusammensetzung ausübt, nach welchem Verfahren dies zu geschehen hat und durch welchen Amtsträger ein endgültig ausgeschiedenes Regierungsmitglied in der Geschäftsregierung zu ersetzen ist. Außerdem haben sich wegen der besonderen Ausgestaltung des parlamentarischen Regierungssystems auch die Voraussetzungen für die Bildung der Geschäftsregierung geändert. Aus eben diesem Grund wird auch die Stellung, Verantwortlichkeit und Kompetenz der Geschäftsregierung neu zu durchdenken und zu beantworten sein. Wegen der Besonderheit dieser Fragen entfällt aber auch eine vergleichende Heranziehung ausländischer Verfassungen; denn je nach Ausgestaltung des in vielen Erscheinungsformen anzutreffenden parlamentarischen Regierungssystems sowie mit jeder anderen gesetzlichen oder gewohnheitsrechtlichen Regelung der Geschäftsregierung ändert sich auch ihre Problematik. Die vorliegende Arbeit beschränkt sich deshalb ganz auf das Grundgesetz. Gleichwohl sollen die in der Staatsrechtslehre und der Praxis der Weimarer Zeit entwickelten Grundsätze, soweit sie Ansatzpunkte zur Lö-

---

[3] In Preußen, vom 21. 5. 1932 bis 6. 2. 1933; Bayern, vom 20. 8. 1930 bis 15. 3. 1933; Sachsen, vom 10. 7. 1930 bis 10. 3. 1933; Württemberg, vom Frühjahr 1932 bis 15. 3. 1933; Hessen, vom 8. 12. 1931 bis 13. 3. 1933; Hamburg, vom 3. 10. 1931 bis 5. 3. 1933; vgl. Poetzsch-Heffter, JöR Bd. 21 (1933/34), S. 39.

sung der gegenwärtigen Probleme geben, entsprechend herangezogen werden.

Um zu einer sachgerechten Interpretation des recht knapp gehaltenen und lückenhaft gebliebenen Art. 69 GG zu gelangen, ist es neben einer Rückbeziehung auf das Verfassungssystem des Grundgesetzes unerläßlich, auf die Verfassungsberatungen im Parlamentarischen Rat einzugehen. Die Entstehungsgeschichte des Art. 69 GG soll deshalb allen anderen Erörterungen vorangestellt werden, zumal sie ausführlich und im Zusammenhang dargestellt zugleich in die Probleme dieser Arbeit einführt.

II. Die Entstehungsgeschichte des Art. 69 GG

Die in Art. 69 GG geregelte Materie, Stellvertretung des Bundeskanzlers, die Beendigung der Ämter des Bundeskanzlers und der Minister und das Ersuchen um Weiterführung der Geschäfte, ist aus zwei Artikeln des Herrenchiemseer Entwurfes hervorgegangen. Sie hatten folgenden Wortlaut[4]:

Art. 91

(1) Der Bundeskanzler ernennt seinen Stellvertreter aus der Zahl der Bundesminister.

(2) Im Falle des Todes des Bundeskanzlers übernimmt der Stellvertreter vorläufig die Geschäfte des Amtes. Das gleiche gilt, wenn der Bundeskanzler zurücktritt und der Bundespräsident davon absieht, ihn um die Weiterführung der Geschäfte zu ersuchen.

Art. 95

(1) Der Bundeskanzler kann durch Erklärung gegenüber dem Bundespräsidenten von seinem Amt zurücktreten. Auf Ersuchen des Bundespräsidenten ist er verpflichtet, die Geschäfte bis zur Ernennung seines Nachfolgers weiterzuführen.

(2) Ein Bundesminister kann durch Erklärung gegenüber dem Bundeskanzler von seinem Amt zurücktreten. Auf Ersuchen des Bundeskanzlers ist er verpflichtet, die Geschäfte bis zum Amtsantritt seines Nachfolgers weiterzuführen.

Im Darstellenden Teil war dazu ausgeführt[5], Abs. 1 Satz 2 und Abs. 2 Satz 2 des Art. 95 sollten verhindern, daß Mitglieder der Bundesregierung ihr Amt ohne weiteres im Stich lassen.

Der Organisationsausschuß des Parlamentarischen Rats übernahm in der 1. Lesung[6] den Art. 95 ohne Änderung, nachdem der Zweck dieser

---

[4] Bericht, S. 74.
[5] Darstellender Teil, S. 55.
[6] In der 8. Sitzung am 7. 10. 1948; Stenoprot., S. 94.

Bestimmung nochmals herausgestellt worden war; Bundeskanzler und Bundesminister sollten dadurch an einer „Flucht aus dem Amt" gehindert werden. Der Organisationsausschuß sprach sich auch für die Übernahme des Art. 91 aus[7], jedoch in einer kleinen redaktionellen Änderung des Abs. 1, der der jetzigen Fassung entspricht. Zuvor hatte der Ausschuß über einen Antrag des Abgeordneten Dr. Dehler diskutiert, den Art. 91 Abs. 1 wie folgt zu fassen[8]:

Der Bundespräsident ernennt auf Vorschlag des Bundeskanzlers mit Zustimmung des Bundestages und des Bundesrats einen Bundesminister zu seinem Stellvertreter (Bundesvizekanzler).

Die Mehrheit sprach sich jedoch ausdrücklich gegen die damit beabsichtigte besondere Stärkung der Stellung des stellvertretenden Bundeskanzlers aus und lehnte den Antrag ab[9].

Beide Artikel blieben in der nächsten Sitzung des Organisationsausschusses, die diesen Artikeln gewidmet war, unverändert[10]. In dieser Sitzung hatte der Abgeordnete Walter die Einfügung eines Art. 95 a vorgeschlagen, der folgenden Wortlaut hatte[11]:

Das Amt des Bundeskanzlers endet
1. durch Rücktritt,
2. durch Tod,
3. durch Zusammentritt des neugewählten Bundestags,
4. durch Verlust des Amtes.

Der Ausschuß beschloß jedoch, diesen Artikel, weil im wesentlichen selbstverständlich, nicht zu übernehmen[12].

In seiner Stellungnahme zu den Formulierungen des Organisationsausschusses übernahm der Allgemeine Redaktionsausschuß den Art. 91 in der Fassung des Organisationsausschusses nahezu unverändert[13] und schlug vor, den Art. 95 durch folgenden Art. 95 a zu ersetzen[14]:

(1) Das Amt des Bundeskanzlers oder eines Bundesministers endet
1. mit dem Zusammentritt eines neugewählten Bundestages,
2. durch Rücktritt,
3. durch Tod,
4. durch Verlust der Amtsfähigkeit.

---

[7] In der 11. Sitzung am 7. 10. 1948; Stenoprot., S. 124.
[8] In der 8. Sitzung am 30. 9. 1948; Stenoprot., S. 68 f.
[9] Stenoprot., S. 69.
[10] In der 21. Sitzung am 10. 11. 1948; Stenoprot., S. 49.
[11] Stenoprot., S. 49.
[12] Ebenda.
[13] In Abs. 2 Satz 1 wurden die Worte „des Amtes" weggelassen.
[14] Entwürfe, S. 27, Drucks. Nr. 276.

Das Amt des Bundeskanzlers endet auch durch Ernennung eines neuen Bundeskanzlers während der Wahlperiode des Bundestages, das Amt eines Bundesministers auch durch Entlassung.

(2) Endet das Amt eines Mitglieds der Bundesregierung durch Rücktritt oder durch Zusammentritt eines neugewählten Bundestages, so ist der Bundeskanzler auf Ersuchen des Bundespräsidenten, der Bundesminister auf Ersuchen des Bundeskanzlers verpflichtet, die Geschäfte bis zum Amtsantritt des Nachfolgers weiterzuführen.

Zur Begründung wurde ausgeführt[15]: „Die Form des Rücktritts im Grundgesetz zu regeln, erscheint nicht erforderlich. Es dürfte genügen, den Rücktritt in Art. 95 a unter den Gründen der Beendigung des Amtes aufzuführen. Die Verpflichtung zur Weiterführung der Geschäfte muß auch in anderen Fällen der Amtsbeendigung vorgesehen werden, wie in Art. 95 a vorgeschlagen[16]."

Der Hauptausschuß des Parlamentarischen Rates nahm in seiner ersten Lesung den Art. 91 in der Fassung des Allgemeinen Redaktionsausschusses an[17]. Zuvor war ein Antrag des Abgeordneten Dr. Strauß abgelehnt worden, die „Mußvorschrift" des Art. 91 zu streichen, um die Regelung der Stellvertretung des Bundeskanzlers der Geschäftsordnung der Bundesregierung zu überlassen[18]. Hiergegen war mit Erfolg vorgebracht worden[19], es werde kein zusätzliches Amt und keine Sonderbelastung geschaffen, da der Stellvertreter Inhaber eines Portefeuilles sei; eine Regelung der Stellvertretung sei notwendig, da eine solche Regelung nur in der Geschäftsordnung, zumal für den Wegfall des Bundeskanzlers, unzulässig sei.

Den Vorschlag des Allgemeinen Redaktionsausschusses, Art. 95 zu streichen und durch Art. 95 a zu ersetzen, nahm der Hauptausschuß nicht an, sondern entschied sich für die Beibehaltung der Fassung des Organisationsausschusses[20]. Durchgesetzt hatte sich die Auffassung, es sei erforderlich, die Modalitäten des Rücktritts in der Verfassung zu regeln; die aufgeführten Erledigungsgründe seien hingegen so selbstverständlich, daß sie nicht in eine Verfassung aufgenommen werden müßten[21].

---

[15] Entwürfe, S. 27, Anm. 65.
[16] Der ARA räumte ein, daß der Tod als Endigungsgrund in Art. 95 a, da selbstverständlich, gestrichen werden könnte, Entwürfe, S. 28, Anm. 66.
[17] In der 3. Sitzung am 16. 11. 1948, HA-Steno, S. 35.
[18] HA-Steno, S. 34 f.
[19] Vorgetragen von den Abg. Dr. Katz, Dr. von Brentano und Dr. Laforet, HA-Steno, S. 35.
[20] HA-Steno, S. 39.
[21] In diesem Sinne sprachen sich die Abg. Dr. Schmid, Dr. Katz, Dr. Menzel aus, HA-Steno, S. 39.

Für die 2. Lesung des Hauptausschusses[22] schlug der Allgemeine Redaktionsausschuß eine Neufassung des Art. 95 vor[23], dessen Absätze 2 und 3, redaktionell umgestellt, sachlich dem bisherigen Art. 95 entsprachen, während Abs. 1, der dem jetzigen Art. 69 Abs. 2 entspricht, eine Neuerung brachte[24].

Art. 95 lautete[25]:

(1) Das Amt des Bundeskanzlers oder eines Bundesministers endigt in jedem Falle mit dem Zusammentritt eines neuen Bundestages, das Amt eines Bundesministers auch mit jeder anderen Erledigung des Amtes des Bundeskanzlers.

(2) Der Bundeskanzler kann durch Erklärung gegenüber dem Bundespräsidenten, ein Bundesminister durch Erklärung gegenüber dem Bundeskanzler von seinem Amt zurücktreten.

(3) Auf Ersuchen des Bundespräsidenten ist der Bundeskanzler, auf Ersuchen des Bundeskanzlers ein Bundesminister verpflichtet, die Geschäfte bis zur Ernennung seines Nachfolgers weiterzuführen.

Zur Begründung hatte der Allgemeine Redaktionsausschuß folgendes ausgeführt[26]:

„Mit dem Zusammentritt eines neuen Bundestages sollten die Ämter der Mitglieder der alten Bundesregierung in jedem Falle erledigt sein. Nur wenn dies ausdrücklich ausgesprochen wird, muß eine neue Regierungsbildung gemäß Art. 87[27] erfolgen.

Sieht man von einer solchen Vorschrift ab, so könnte ein von dem alten Bundestag gewählter Bundeskanzler mit seiner Regierung im Amt bleiben, wenn die Neuwahl eines Bundeskanzlers mit absoluter Mehrheit nicht möglich ist. Damit würde die Homogenität zwischen Regierung und Parlament gestört. Nach Zusammentritt eines neuen Bundestages muß der Zwang zu einer Regierungsneubildung bestehen, auch wenn es dabei nur zur Wahl eines Minderheitskanzlers kommt."

Über den Abs. 1 entspann sich eine längere Diskussion, in der der Abgeordnete Dr. Katz erklärte[28], der Organisationsausschuß habe sich gegen diesen Vorschlag ausgesprochen, weil für eine Regierung, die bei den Wahlen gesiegt habe, keine Veranlassung bestehe, automatisch zurückzutreten[29].

---

[22] In der 34. Sitzung am 11. 1. 1949, HA-Steno, S. 425.

[23] Entwürfe, S. 101.

[24] Der OrgA hatte in seiner 28. Sitzung am 16. 12. 1948 die Neufassung der Absätze 2 und 3 gebilligt, sich jedoch gegen die Übernahme des Abs. 1 ausgesprochen, Stenoprot., S. 36—38.

[25] Entwürfe, S. 101.

[26] Entwürfe, S. 101, Anm. 1 zu Art. 95.

[27] Jetzt Art. 63 GG.

[28] HA-Steno, S. 425.

[29] Gegen diesen Vorschlag sprachen sich ebenfalls aus die Abg. Dr. Lehr, Dr. Kleindienst und Dr. Höpker-Aschoff.

Den Vorschlag des Allgemeinen Redaktionsausschusses vertraten besonders die Abgeordneten Dr. Schmid und Dr. Dehler[30]; dieser hatte sich bereits im Organisationsausschuß, allerdings ohne Erfolg, dafür eingesetzt. Dr. Schmid erklärte[31]:

„Sieht man die Regierung als etwas, was dem Parlament gegenübersteht, — wie es etwa in der konstitutionellen Monarchie gewesen ist —, so ist es klar, daß mit dem Wechsel des Parlaments die Regierung nicht zu wechseln braucht. Sieht man aber in der Regierung ein Produkt des Parlaments in seiner jeweiligen Zusammensetzung, — und das ist doch wohl im parlamentarischen Regierungssystem das Richtige — dann hat jedes Parlament die ihm zugeordnete Regierung und wechselt das Parlament, so muß eigentlich auch die Regierung wechseln. Dann muß aus diesem neuen Parlament eine neue Regierung hervorgebracht werden, die zwar personell die alte sein kann, begrifflich aber eine neue Regierung ist. In diesem Falle ... erscheint es mir logisch, daß die alte Regierung bei dem Zusammentritt eines neuen Bundestages ihre Ämter zur Verfügung stellt und daß der neue Bundestag eine neue Regierung schafft."

Bei der anschließenden Abstimmung wurde der Halbsatz 1 des Abs. 1 mit 11 gegen 10, der Halbsatz 2 mit 11 gegen 9 Stimmen angenommen, die Absätze 2 und 3 des Art. 95 mit Mehrheit bzw. einstimmig. Art. 91 wurde inhaltlich unverändert als Art. 95 a beschlossen[32].

In der dritten Lesung des Hauptausschusses[33] wurde auf Anregung des Abgeordneten Dr. Strauß Abs. 2 Satz 1 des Art. 95 a an die entsprechende Vorschrift des Art. 79[34] angeglichen und erhielt folgende Fassung:

Die Befugnisse des Bundeskanzlers werden im Falle seiner Verhinderung oder bei vorzeitiger Erledigung des Amtes durch den Stellvertreter wahrgenommen.

Bei Art. 95 erfolgten keine Änderungen[35].

In seiner Stellungnahme zur 3. Lesung des Hauptausschusses schlug der Allgemeine Redaktionsausschuß ohne eine Begründung vor, die Absätze 2 der Artikel 95 und 95 a zu streichen und die verbliebenen Absätze in einem Art. 95 mit folgendem Wortlaut zusammenzuziehen[36]:

(1) Der Bundeskanzler ernennt einen Bundesminister zu seinem Stellvertreter.

---

[30] Für den Vorschlag des ARA traten weiter ein die Abg. Dr. Lehr, Dr. Kleindienst, Dr. Höpker-Aschoff.

[31] HA-Steno, S. 426.

[32] HA-Steno, S. 427; der Vorsitzende Dr. Schmid stellte dabei fest, daß damit ein Vizekanzler im eigentlichen Sinne des Wortes ausgeschlossen, vielmehr nur eine echte Stellvertretung durch einen Ressortminister möglich sei.

[33] In der 49. Sitzung am 9. 2. 1949, HA-Steno, S. 645.

[34] Jetzt Art. 57 GG.

[35] Vgl. Drucks. Nr. 604 und 675.

[36] Entwürfe, S. 215, Drucks. Nr. 751 vom 2. 5. 1949.

(2) Das Amt des Bundeskanzlers oder eines Bundesministers endigt in jedem Falle mit dem Zusammentritt eines neuen Volkstages, das Amt eines Bundesministers auch mit jeder anderen Erledigung des Amtes des Bundeskanzlers.

(3) Auf Ersuchen des Bundespräsidenten ist der Bundeskanzler, auf Ersuchen des Bundeskanzlers oder des Bundespräsidenten ein Bundesminister verpflichtet, die Geschäfte bis zur Ernennung seines Nachfolgers weiterzuführen.

Der Hauptausschuß übernahm in der 4. Lesung[37] auf Antrag der Abgeordneten Zinn, Dr. Dehler und Dr. v. Mangoldt diese Fassung ohne Aussprache und bis auf das Wort „Volkstag", das durch das Wort „Bundestag" ersetzt wurde, unverändert. Sie wurde auch vom Plenum angenommen[38] und als Art. 69 Inhalt des Grundgesetzes.

Die Ausführungen zur Entstehungsgeschichte des Art. 69 GG haben gezeigt, daß in den Ausschüssen des Parlamentarischen Rates gerade die weniger problematischen und schließlich doch nicht in das Grundgesetz aufgenommenen Tatbestände der Beendigung der Amtszeit der Regierungsmitglieder sowie die Modalitäten des Rücktritts von Bundeskanzler und Ministern eingehend erörtert wurden. Auch das Problem der Stellvertretung des Bundeskanzlers war häufig Beratungsgegenstand, wobei im Vordergrund die Frage stand, ob die Stellung des Stellvertreters stark oder möglichst schwach gestaltet werden sollte. Auffallend kurz dagegen wurde das die meisten Auslegungsschwierigkeiten bereitende Verfahren des Ersuchens um Weiterführung der Geschäfte behandelt. Das Problem der Kompetenz der geschäftsführenden Regierung stand schließlich überhaupt nicht zur Debatte.

Der Frage, welche Bedeutung diesen Verfassungsberatungen für die Interpretation des Art. 69 GG sowie der damit im Zusammenhang stehenden Bestimmungen des Bundesministergesetzes und der Geschäftsordnung der Bundesregierung zukommt, kann an dieser Stelle nicht weiter nachgegangen werden; sie soll jeweils gesondert bei der Erörterung der einzelnen Probleme beantwortet werden.

III. Der Gang der Untersuchung

Der Gang der nun folgenden Untersuchungen läßt sich wie folgt umreißen: Im ersten Teil sind die Voraussetzungen für die Bildung der Geschäftsregierung zu behandeln. Der Schwerpunkt der Arbeit liegt bei dem im zweiten Teil zu behandelnden Problem der Bildung und Zusammensetzung der Geschäftsregierung. Im dritten Teil ist die verfassungsrechtliche Stellung der Geschäftsregierung zu erörtern. Die Arbeit schließt mit einer Zusammenfassung der gefundenen Ergebnisse.

---

[37] In der 57. Sitzung am 5. 5. 1949, HA-Steno, S. 754.
[38] In der 9. und 10. Plenarsitzung am 6. und 8. 5. 1949.

Erster Teil

Voraussetzungen für die Bildung der Geschäftsregierung

Eine Beauftragung mit der vorläufigen Weiterführung der Geschäfte kommt nur dann in Betracht, wenn die Amtszeit des bisherigen Amtsinhabers zu Ende geht, ohne daß gleichzeitig ein Nachfolger an seine Stelle tritt. Im folgenden soll deshalb an Hand einer Aufzählung sämtlicher Beendigungsgründe der Amtszeit der Regierungsmitglieder festgestellt werden, wann sich die Bestellung eines interimistischen Geschäftsführers als notwendig erweist. Bei der nachstehenden Untersuchung dieser Endigungsgründe ist deshalb in jedem einzelnen Fall die Frage zu beantworten, auf Grund wessen Entscheidung und zu welchem Zeitpunkt ein Regierungsmitglied die Berechtigung oder Verpflichtung zur Amtsführung verliert und ob eine Beauftragung mit der Geschäftsführung möglich oder notwendig ist.

Die einzelnen Beendigungsgründe sind nicht abschließend geregelt. Sie sind teils im Grundgesetz, teils im Bundesministergesetz aufgeführt. Zentrale Vorschrift ist Art. 69 Abs. 2 GG, wonach „das Amt[1] des Bundeskanzlers oder eines Bundesministers in jedem Falle mit dem Zusammentritt eines neuen Bundestages, das Amt eines Bundesministers auch mit jeder anderen Erledigung des Amtes des Bundeskanzlers endigt".

A. Die Beendigungsgründe der Amtszeit des Bundeskanzlers

Das Grundgesetz enthält keine Aufzählung der Beendigungsgründe der Amtszeit des Bundeskanzlers. Art. 69 Abs. 2 GG nennt nur den Fall des Zusammentritts eines neuen Bundestages. In der Formulierung „in jedem Falle" kommt aber zum Ausdruck, daß es auch noch andere Beendigungsgründe gibt.

---

[1] Mit Recht wird die ungenaue Ausdrucksweise des Grundgesetzes gerügt; denn es endet nicht das institutionelle Amt, sondern lediglich die Amtszeit des bisherigen Amtsträgers; vgl. v. Mangoldt-Klein, Das Bonner Grundgesetz, 2. Aufl., 1955 ff., Art. 69, Anm. IV 1 für alle.

I. Der Zusammentritt eines neuen Bundestages

Mit der Bestimmung, daß die Amtszeit des Bundeskanzlers mit dem Zusammentritt eines neugewählten Bundestages endet, hat das Grundgesetz den aus dem parlamentarischen System folgenden Grundsatz verankert, daß der vom Parlament gewählte Kanzler auch nicht über die Wahlperiode dieses Parlaments hinaus im Amt bleiben darf. Diese Abhängigkeit des Bundeskanzlers vom Bundestag, die Nawiasky[2] treffend als „das Prinzip der Homogenität zwischen Volksvertretung und Regierung" kennzeichnet, fordert jedoch nicht, daß die Amtszeit des Bundeskanzlers bereits mit der letzten Sitzung des alten Bundestages, der Auflösung des Bundestages nach Art. 63 Abs. 4 GG oder Art. 68 Abs. 1 GG oder mit der Neuwahl des Bundestages endet. Denn erst dem neugewählten Bundestag muß die Möglichkeit gegeben sein, den Kanzler seines Vertrauens zu wählen. Der alte Kanzler kann, um ein Vakuum zu vermeiden, bis zum Zusammentritt des neuen Bundestages im Amt bleiben. Das Amtsverhältnis des Bundeskanzlers endet in diesem Fall unbestrittenermaßen automatisch, ohne daß es einer Rücktrittserklärung des Bundeskanzlers oder eines Entlassungsaktes durch den Bundespräsidenten bedarf[3]. Wenn das Bundesministergesetz in § 10 i. V. mit § 2 Abs. 1 gleichwohl vorschreibt, daß der Bundeskanzler in allen Fällen der Beendigung des Amtsverhältnisses eine vom Bundespräsidenten vollzogene Urkunde erhält, ist dies kein Widerspruch. Die Entlassung wirkt im Falle des Zusammentritts des neuen Bundestages nicht konstitutiv; vielmehr hat die Aushändigung der Urkunde lediglich deklaratorische Bedeutung[4].

Da zwischen der ersten Sitzung des neuen Bundestages und der Wahl des Bundeskanzlers sowie zwischen der Wahl und der Ernennung gewöhnlich mehrere Tage verstreichen, wird regelmäßig eine Beauftragung mit der Weiterführung der Geschäfte erforderlich. Die jeweilige Dauer der Regierungsbildung nach der Neuwahl eines Bundestages veranschaulicht folgende Aufstellung[5]:

---

[2] Die Grundgedanken des Grundgesetzes für die Bundesrepublik Deutschland, 1950, S. 98.

[3] Für alle v. Mangoldt-Klein, Kommentar, Art. 69, Anm. IV 2 b; man hat auch nicht beobachten können, daß der Bundeskanzler oder das Kabinett in der konstituierenden Sitzung des neugewählten Bundestages den Rücktritt erklären; Auskunft des Bundeskanzleramts.

[4] Lechner-Hülshoff, Parlament und Regierung, 2., völlig neu bearbeitete Aufl., München-Berlin, 1960, § 10 BMinG, Anm. 1; Münch, Die Bundesregierung, Frankfurt 1954, S. 184.

[5] Entnommen den Angaben bei v. Mangoldt-Klein, Kommentar, Art. 62, Anm. III 12; Archiv der Gegenwart, 1965, S. 12137.

A. Die Beendigungsgründe der Amtszeit des Bundeskanzlers

Zusammentritt des neuen Bundestages	Wahl des Bundeskanzlers	Ernennung des Bundeskanzlers	Ernennung der Bundesminister
6. 10. 1953	9. 10. 1953	13. 10. 1953	20. 10. 1953
15. 10. 1957	22. 10. 1957	22. 10. 1957	28. 10. 1957
17. 10. 1961	7. 11. 1961	7. 11. 1961	14. 11. 1961
19. 10. 1965	20. 10. 1965	20. 10. 1965	26. 10. 1965

II. Das Mißtrauensvotum nach Art. 67 GG

Während das Parlament unter der Geltung der Weimarer Reichsverfassung einem Regierungsmitglied mit einfacher Mehrheit das Mißtrauen aussprechen konnte, auch wenn diese Mehrheit aus heterogenen Parteien bestand, die lediglich die Regierung zum Rücktritt zwingen wollten, aber nicht zur Regierungsbildung fähig waren, ist nach Art. 67 GG ein Kanzlersturz nur noch dadurch möglich, daß der Bundestag mit der Mehrheit seiner Mitglieder einen neuen Bundeskanzler wählt. Sinn und Zweck dieser Bestimmung sollte es sein, Regierungskrisen durch destruktive Mehrheiten unmöglich zu machen, die Stabilität der einmal im Amt befindlichen Regierung zu garantieren, die geschäftsführende Regierung auszuschalten[6].

Ob Art. 67 dieses Ziel zu erreichen vermag, erscheint in mehrfacher Hinsicht zweifelhaft[7], da bereits in der Weimarer Zeit das einfache Mißtrauensvotum nicht die Rolle spielte, die man ihm vielfach angelastet hat, wurden doch von den zwanzig Regierungen zwischen dem 13. 2. 1919 und dem 30. 1. 1933 auf Grund eines Mißtrauensvotums nur die dritte Regierung Marx am 17. 12. 1926 und die zweite Regierung Luther am 12. 5. 1926 zum Rücktritt gezwungen, während die übrigen Regierungen hauptsächlich nach Zerwürfnissen oder Unstimmigkeiten mit den Koalitionsparteien freiwillig zurücktraten[8]. Insbesondere dürfte die Stabilität der bisherigen Regierungen eher auf die seit 1949 abnehmende Zahl der im Bundestag vertretenen Parteien und die damit gleichlaufende Stärkung der beiden großen Parteien[9] als auf die Exi-

---

[6] Bericht, Darstell. Teil, S. 44, und spätere Äußerungen im Hauptausschuß des Parl. Rates.

[7] Vgl. hierzu Glum, Kritische Bemerkungen zu Art. 63, 67, 68 und 81 des Bonner Grundgesetzes, S. 47 f.

[8] Vgl. Poetzsch-Heffter, Vom Staatsleben unter der Weimarer Verfassung, JöR 13 (1925), S. 165 ff.; 17 (1929), S. 103 ff.; 21 (1933/34), S. 154 ff.; eine detaillierte Aufstellung über die Rücktrittsgründe der Reichsregierungen findet sich bei Huber, Quellen zum Staatsrecht der Neuzeit, Bd. 2, S. 63 ff.

[9] Während im 1. Bundestag noch 12 Parteien vertreten waren, sind es im 5. Bundestag nur noch die CDU/CSU, SPD und FDP mit einem Stimmenanteil von insgesamt 96,4 %; der Stimmenanteil dieser Parteien betrug im

stenz des konstruktiven Mißtrauensvotums zurückzuführen sein[10]. Indessen würde es den Rahmen dieser Arbeit sprengen, diesen Fragen weiter nachzugehen sowie in eine Erörterung aller mit Art. 67 GG zusammenhängenden staatsrechtlichen und rechtspolitischen Probleme einzutreten. Jedenfalls kann auf Grund der bisherigen Untersuchung zu Art. 69 Abs. 2 GG schon gesagt werden, daß durch Art. 67 GG das Institut der Geschäftsregierung nicht generell überflüssig geworden ist.

Zweifelhaft ist aber auch, ob die mit der Ausgestaltung des Art. 67 GG verfolgte Absicht, die Einsetzung geschäftsführender Regierungen nach einem Mißtrauensvotum zu vermeiden, gelungen ist. Dies wäre dann nicht der Fall, wenn der abgewählte Bundeskanzler die Berechtigung zur Amtsführung verliert, bevor der neugewählte Bundeskanzler ernannt ist. Das scheint der Wortlaut des Art. 67 Satz 1 GG nicht auszuschließen. Es heißt dort, daß „dem Bundeskanzler nur dadurch das Mißtrauen ausgesprochen werden (kann), daß der Bundestag einen Nachfolger wählt und den Bundespräsidenten ersucht, den Bundeskanzler zu entlassen". Allein die Wahl und das Ersuchen an den Bundespräsidenten bewirkt noch keinen automatischen Amtsverlust des Bundeskanzlers, wie dies auch nicht allein schon auf Grund eines Mißtrauensvotums nach Art. 54 Satz 2 WRV der Fall war[11]. Vielmehr statuierte diese Vorschrift für den vom Mißtrauensvotum Betroffenen lediglich eine Rücktrittspflicht. Erst von diesem Zeitpunkt ab war eine Beauftragung mit der Weiterführung der Geschäfte erforderlich.

Aus dem Fehlen einer solchen Rücktrittsverpflichtung darf nun allerdings nicht geschlossen werden, daß mit der Wahl und dem Ersuchen an den Bundespräsidenten die Amtszeit des alten Bundeskanzlers endet. Ein Vergleich mit Art. 69 Abs. 2 GG zeigt, daß im Falle der automatischen Amtsbeendigung eine Entlassung durch den Bundespräsidenten nicht erforderlich ist, während Art. 67 GG eine Entlassung durch den Bundespräsidenten ausdrücklich vorsieht. Daraus folgt, daß der alte Bundeskanzler die Berechtigung zur Amtsführung erst mit der Entlassung verliert[12]. Allein diese Auslegung wird dem mit Art. 67

---

1. Bundestag nur 72,1 %; vgl. Höcherl, Splitterparteien haben keine Chance, Bulletin 1965, Nr. 168 vom 15. 10. 1965, S. 1349.

[10] So auch Schäfer, Zehn Jahre Grundgesetz, DVBl. 1959, S. 344; v. Mangoldt-Klein, Kommentar, Art. 67, Anm. II 3 c; Friesenhahn, Parlament und Regierung im modernen Staat, VVDStRL, Heft 16 (1958), S. 57; Böckenförde, Bonn ist nicht Weimar, AöR 92, S. 253.

[11] StGH, Urteil vom 21. 6. 1932, RGZ 137, Anhang S. 13.

[12] v. Mangoldt-Klein, Art. 67, Anm. III 4 a; Münch, Bundesregierung, S. 177 und Fußnote 6; Amphoux, Le chancelier fédéral dans le régime constitutionel de la République fédérale d'Allemagne, Paris 1962, S. 144; Müller, Der Rücktritt der Regierung und die Rechtsstellung der Regierung nach der Rücktrittserklärung, Diss. jur. Freiburg 1951, S. 97.

A. Die Beendigungsgründe der Amtszeit des Bundeskanzlers

unter anderem verfolgten Zweck gerecht, nach einem Mißtrauensvotum einen schnellen und reibungslosen Regierungswechsel zu gewährleisten und geschäftsführende Regierungen wenigstens bei dieser Art des Regierungswechsels auszuschalten.

Eine Frist, innerhalb welcher die Entlassung zu vollziehen ist, bestimmt Art. 67 GG nicht. Für eine analoge Anwendung der 7-Tage-Frist des Art. 63 Abs. 4 Satz 2 GG, die von einigen Autoren[13] ohne Begründung empfohlen wird, besteht kein zwingender Grund[14]. Der Bundespräsident muß vielmehr die Entlassung unverzüglich aussprechen und gleichzeitig den Gewählten ernennen; denn dem Bundespräsidenten steht im Rahmen des Art. 67 GG keine Ermessens- oder Entscheidungsfreiheit zu. Der Bundespräsident vollzieht einen reinen Formalakt[15]. Dieser bedarf gemäß Art. 58 Satz 2 GG keiner Gegenzeichnung, da es nicht von dem alten Bundeskanzler abhängen soll, ob und wann ein Nachfolger ernannt wird und weil eine Gegenzeichnung durch den Gewählten sinnlos wäre, da er ja noch nicht Bundeskanzler ist und somit auch noch nicht die Verantwortung übernehmen kann[16].

Hat demnach die Entlassung des alten und die Ernennung des neuen Bundeskanzlers unverzüglich und gleichzeitig zu erfolgen, so ist eine geschäftsführende Regierung bei einem Kanzlerwechsel nach Art. 67 GG nicht vonnöten. Denkbar ist ein regierungsloser Zustand jedoch auch hier, wenn sich nämlich der Amtsantritt des neuernannten Bundeskanzlers wegen Krankheit oder Abwesenheit hinauszögert[17]. Doch ist dieser Fall wenig wahrscheinlich. Ein Kanzlersturz nach Art. 67 GG geht, wie Nawiasky[18] sich ausdrückt, nicht ohne „einläßliche Vorbereitung" vonstatten, d. h. eine solche Aktion setzt eine gründliche Aus-

---

[13] Meder in Bonner Kommentar, Art. 67, Erl. II 4; Hamann, Das Grundgesetz für die Bundesrepublik Deutschland, 2. Aufl., 1960, Art. 67, Anm. B 2; Jellinek, Kabinettsfrage und Gesetzgebungsnotstand nach dem Bonner Grundgesetz, VVDStRL, Heft 8, S. 11; Münch, Bundesregierung, S. 177.

[14] Richtig v. Mangoldt-Klein, Kommentar, Art. 67, Anm. III 4 d.

[15] Giese-Schunck, Grundgesetz für die Bundesrepublik Deutschland, Kommentar, 7. Aufl., 1965, Art. 67, Erl. II 3.

[16] Mit der Vorschrift des Art. 58 Satz 2 übernahm der Gesetzgeber aus guten Gründen nicht die wenig sinnvolle Regelung des § 2 RMinG; nach dieser Bestimmung zeichnete der neue Kanzler seine eigene Ernennung.

[17] So auch v. Mangoldt-Klein, Kommentar, Art. 67, Anm. III 4 a; dieser Ansicht scheint auch Meder, in Bonner Kommentar, Art. 67, Erl. II 5, zu sein, der die Einsetzung einer geschäftsführenden Regierung u. a. auch dann für erforderlich hält, „wenn nach Art. 67 ein neuer Bundeskanzler gewählt worden ist, sein Amt jedoch noch nicht angetreten hat". Angesichts dieser ungenauen Formulierung muß nochmals betont werden, daß erst nach der konstitutiv wirkenden Entlassung, nicht schon nach der Wahl, die Einsetzung eines geschäftsführenden Kanzlers möglich ist.

[18] Grundgedanken, S. 100.

sprache mit dem künftigen Koalitionspartner über das Regierungsprogramm und eine Einigung über die personelle Zusammensetzung des Kabinetts voraus, sie fordert von dem Kanzlerkandidaten höchste politische Aktivität und wird deshalb von einem nicht handlungsfähigen oder gar abwesenden Politiker kaum erfolgreich durchgeführt werden können. Wenn schon nach den bisherigen Erfahrungen ein Kanzlersturz gemäß Art. 67 GG zu den Seltenheiten des politischen Lebens zählen wird — seit Bestehen der Bundesrepublik war dies noch nicht der Fall —, wird man um so mehr annehmen können, daß eine geschäftsführende Regierung bei dieser Art des Regierungswechsels kaum jemals notwendig sein wird.

III. Die Wahl eines anderen Bundeskanzlers nach Art. 68 Abs. 1 Satz 2 GG

Ebenso verhält es sich im Falle der Wahl eines Bundeskanzlers nach Art. 68 Abs. 1 Satz 2, die den Zweck verfolgt, die Auflösung des Bundestages abzuwehren. Sofern der bisherige Bundeskanzler, der nach einem abgelehnten Vertrauensvotum nunmehr Minderheitskanzler ist, neu gewählt wird[19], stellt sich diese Wahl ohnehin nur als „nachträgliches Bejahen der Vertrauensfrage in anderer Form"[20] dar. Schreitet aber der Bundestag zur Wahl eines anderen als des bisherigen Bundeskanzlers, eine Wahl, die in diesem Falle nichts anderes als ein Mißtrauensvotum nach Art. 67 GG ist[21], sind die Verfahrensvorschriften des Art. 67 GG entsprechend anzuwenden. Der Bundestag hat also nach der Wahl den Bundespräsidenten um die Entlassung des alten und die Ernennung des neuen Bundeskanzlers zu ersuchen. Entlassung und Ernennung haben wie bei Art. 67 GG gleichzeitig zu erfolgen, so daß auch im Rahmen des Art. 68 Abs. 1 Satz 2 GG kein Raum für eine geschäftsführende Regierung ist.

IV. Der Rücktritt des Bundeskanzlers

Eine Pflicht zum Rücktritt ist im Grundgesetz im Gegensatz zur Weimarer Reichsverfassung nicht statuiert. So verpflichtet weder ein abgelehntes Vertrauensvotum nach Art. 68 GG, ein ausdrückliches Mißtrauensvotum nach Art. 67 GG noch der Zusammentritt eines neuen

---

[19] Nach der h. M., Jellinek, Gesetzgebungsnotstand, S. 11; Meder, in Bonner Kommentar, Art. 68, Erl. II 7; v. Mangoldt-Klein, Kommentar, Art. 68, Anm. III 4 b; Maunz-Dürig, Grundgesetz, Kommentar, München 1960 ff., Art. 68, Rdnr. 5; Giese-Schunck, Kommentar, Art. 68, Erl. II 4, ist dies zulässig.

[20] Vgl. v. Mangoldt-Klein, Kommentar, Anm. III 4 b.

[21] So zutreffend Steinbrenner, Grundgesetz und Regierungsbildung, Diss. jur. Heidelberg 1952, S. 135.

A. Die Beendigungsgründe der Amtszeit des Bundeskanzlers

Bundestages den Kanzler oder die gesamte Regierung zum Rücktritt. Das Grundgesetz erwähnt aber auch nicht die Möglichkeit des freiwilligen Rücktritts. Daraus darf indessen nicht geschlossen werden, daß dem Bundeskanzler das Recht, jederzeit zurückzutreten, nicht zustehe. Im Parlamentarischen Rat hat man dieses Recht für so selbstverständlich gehalten, daß man glaubte, auf eine ausdrückliche Regelung in der Verfassung verzichten zu können[22]. Dem Grundsatz der Freiwilligkeit der Übernahme politischer Ämter[23] entspricht es nämlich, daß man sich dieser Verantwortung jederzeit auch wieder entledigen kann, von der Ausnahme des Art. 69 Abs. 3 GG einmal abgesehen. Es wäre auch wenig sinnvoll, den Bundeskanzler gegen seinen Willen amtieren zu lassen, bis das Parlament möglicherweise erst nach Jahren einen neuen Kanzler wählt. Ob der Rücktritt aus unpolitischen Gründen, wie Krankheit, Alter, Übernahme einer anderen Beschäftigung, oder aus politischen Gründen, wie Mißerfolg, Störung des guten Einvernehmens mit der Volksvertretung, Differenzen mit den Kabinettskollegen oder dem Bundespräsidenten erfolgt[24], ist nicht ausschlaggebend; es genügt allein die Erklärung des Bundeskanzlers, daß er zurücktreten wolle; einen Grund braucht er nicht anzugeben.

Die Rücktrittserklärung des Bundeskanzlers ist gegenüber dem Bundespräsidenten abzugeben, weil dieser den Bundeskanzler ernannt hat[25]. Der Bundespräsident ist aber nicht befugt zu erklären, er nehme den Rücktritt nicht an[26]; vielmehr ist er verpflichtet, den Bundeskanzler zu dem von diesem gewünschten Zeitpunkt zu entlassen. Denn aus Art. 63 GG folgt, daß der Bundespräsident kein selbständiges Ernennungs- und Entlassungsrecht besitzt. Aus der Tatsache, daß die Ernennung und Entlassung des Bundeskanzlers durch den Bundespräsidenten in Art. 58 Satz 2 GG für gegenzeichnungsfrei erklärt wird, läßt

---

[22] Vgl. die Verhandlungen in der 21. Sitzung des OrgA vom 10. 11. 1948; Stenoprot., S. 49.
[23] Mit Ausnahme der im Gesetz ausdrücklich bestimmten Verpflichtung zur Übernahme amtlicher Tätigkeit in beschränktem Umfang, z. B. als Laienrichter oder Vormund, ist nach beamtenrechtlichen Grundsätzen zur Übertragung eines Amtes stets die Zustimmung des Anwärters erforderlich. Dasselbe gilt mangels einer abweichenden Regelung uneingeschränkt auch für die Übernahme eines politischen Amtes und der damit verbundenen persönlichen politischen Verantwortung; vgl. Münch, a.a.O., S. 126 f.; dies hat auch bereits nach altem Recht gegolten; vgl. Anschütz, Die Verfassung des Deutschen Reiches, 14. Aufl. 1933, Art. 53, Anm. 7; Meyer-Anschütz, Lehrbuch, S. 625, Anm. 3.
[24] Diese Aufzählung bei Nawiasky, Grundgedanken, S. 98.
[25] Vgl. Nawiasky, Grundgedanken, S. 98; Jellinek, Gesetzgebungsnotstand, S. 13; v. Mangoldt-Klein, Kommentar, Art. 69, Anm. IV 2 d.
[26] So richtig Jellinek, Kabinettsfrage und Gesetzgebungsnotstand, DÖV 1949, S. 383; v. Mangoldt-Klein, Kommentar, Art. 69, Anm. IV 2 d; Münch, Bundesregierung, S. 188; Amphoux, a.a.O., S. 144.

sich eine derartige Befugnis des Bundespräsidenten auch nicht herleiten. Art. 58 Satz 2 GG enthält nämlich nach richtiger Ansicht[27] keine Ermächtigung, sondern regelt nur die Form für die Vornahme der Amtshandlungen. Der Bundespräsident hat die Rücktrittserklärung des Bundeskanzlers also lediglich *entgegenzunehmen* und pflichtgemäß die Entlassung zu verfügen, er hat den Rücktritt des Bundeskanzlers aber nicht *anzunehmen*. Sachgerechter wäre es deshalb, wenn die in der Praxis von dem Bundespräsidenten immer wieder gebrauchte Formel „Ich habe diesen Rücktritt angenommen"[28] überhaupt nicht verwendet würde, da sie den Anschein erweckt, als stehe die Entscheidung über den Antrag des Bundeskanzlers auf Entlassung im Ermessen des Bundespräsidenten. Ebensowenig wie die *Annahme* des Rücktritts gibt es im Verhältnis Bundeskanzler — Bundespräsident das *Anbieten* des Rücktritts. Würde der Bundeskanzler dem Bundespräsidenten gleichwohl seinen Rücktritt „anbieten", wäre diese Handlung rechtlich irrelevant, und der Bundespräsident wäre weder berechtigt noch verpflichtet, den Bundeskanzler zu entlassen. Das *Rücktrittsangebot* ist eben noch nicht der Rücktritt selbst. Dieser kann nur dadurch vollzogen werden, daß der Bundeskanzler unmißverständlich zum Ausdruck bringt, er „trete zurück", er „erkläre den Rücktritt" oder er „bitte um Entlassung"[29].

Zu klären ist schließlich noch, von welchem Zeitpunkt an in einem solchen Falle die Einsetzung eines geschäftsführenden Kanzlers erforderlich wird, ob schon nach der Rücktrittserklärung oder erst nach der Entlassung. Das hängt davon ab, welche rechtliche Wirkung der Rücktrittserklärung zukommt, eine Frage, die in der Literatur, soweit

---

[27] v. Mangoldt-Klein, Kommentar, Art. 58, Anm. IV 2 a; Nawiasky, Grundgedanken, S. 99 und 111; derselbe, Der Einfluß des Bundespräsidenten auf Bildung und Bestand der Bundesregierung, DÖV 1950, S. 162; Jellinek, Gesetzgebungsnotstand, S. 8; Münch, Bundesregierung, S. 182 f.

[28] Vgl. den Wortlaut des Schreibens des Bundespräsidenten an den Bundestagspräsidenten: „Der Bundeskanzler, Herr Dr. Konrad Adenauer, hat mir mit Schreiben vom 10. Oktober 1963 den Rücktritt von seinem Amt erklärt. Ich habe diesen Rücktritt angenommen und werde dem Herrn Bundeskanzler heute nachmittag eine Urkunde überreichen, in der festgestellt wird, daß sein Amt mit Ablauf des 15. Oktober 1963 endet"; Bulletin 1963, Nr. 183 vom 16. 10. 1963, S. 1597; dieselbe Formulierung wird auch in dem Schreiben des Bundespräsidenten an den Bundestagspräsidenten vom 1. 12. 1966 gebraucht, in dem der Bundespräsident den Rücktritt des Bundeskanzlers Erhard bekanntgibt, vgl. Bulletin 1966, Nr. 153 vom 3. 12. 1966, S. 1230.

[29] Vgl. den Wortlaut des Schreibens, das Bundeskanzler Dr. Adenauer am 11. 10. 1963 dem Bundespräsidenten überreichte: „Sehr verehrter Herr Bundespräsident! Hiermit erkläre ich meinen Rücktritt vom Amt des Bundeskanzlers der Bundesrepublik Deutschland mit Ablauf des 15. Oktober 1963. In besonderer Verehrung bin ich Ihr sehr ergebener Adenauer; Bulletin 1963, Nr. 182 vom 15. 10. 1963, S. 1585.

ersichtlich, noch keine eindeutige Beantwortung gefunden hat. Nawiasky und Münch kennzeichnen die Rücktrittserklärung als Antrag auf Entlassung; erst mit der Entlassung, also mit der Aushändigung der Urkunde, werde das Amtsverhältnis beendet[30]. Demgegenüber zählen v. Mangoldt-Klein[31] und Meder[32] zu den Endigungsgründen der Amtszeit des Bundeskanzlers bereits den Rücktritt und nicht etwa die Entlassung auf Grund des Rücktritts. Diese Autoren scheinen also schon der Rücktrittserklärung konstitutive Wirkung beizumessen[33], zumal in dieser Aufzählung der Endigungsgrund der Entlassung nur im Zusammenhang mit Art. 67 GG genannt ist. Diese Auffassung findet allerdings im Grundgesetz und im Bundesministergesetz ausdrücklich keine Stütze. Die §§ 9 und 10 BMinG nennen als Normalfall der Beendigung des Amtsverhältnisses die Entlassung, die erst durch die Aushändigung der Entlassungsurkunde wirksam wird. Ausnahmsweise ohne Entlassung endet das Amtsverhältnis des Bundeskanzlers und der Bundesminister nach Art. 69 Abs. 2 GG, § 9 Abs. 1 Nr. 2 und 3 BMinG mit dem Zusammentritt eines neuen Bundestages, das Amtsverhältnis der Bundesminister außerdem mit jeder Erledigung des Amtes des Bundeskanzlers. Wegen des Fehlens einer entsprechenden Normierung im Grundgesetz oder Bundesministergesetz kann die Rücktrittserklärung des Bundeskanzlers oder eines Bundesministers somit nicht schon das Amtsverhältnis beenden.

Allerdings hätte dann die Rücktrittserklärung unmittelbar überhaupt keine Rechtswirkung, sondern zeigte sich erst mittelbar in der von dem Bundespräsidenten pflichtgemäß zu vollziehenden Entlassung. Die Rechtsstellung des Bundeskanzlers bliebe zwischen Rücktrittserklärung und Entlassung die gleiche wie die eines Beamten nach einem Entlassungsgesuch[34]. Indessen folgt aus dem Wesen der politisch-parlamentarischen Verantwortlichkeit, daß man sich ihrer, anders als der dienstrechtlichen Verantwortlichkeit, jederzeit und mit sofortiger Wirkung entledigen kann. Der Bundeskanzler — und wegen Art. 69 Abs. 2 GG auch ein Bundesminister — muß die Möglichkeit haben,

---

[30] Nawiasky, Grundgedanken, S. 98; Münch, Bundesregierung, S. 138 f.; ähnlich für die WRV Anschütz, Kommentar, Art. 54, Anm. 5 und Poetzsch, JöR 13, S. 173: „Der Rücktritt ist nicht eine einseitige Preisgabe des Amtes."
[31] Kommentar, Art. 69, Anm. IV 2.
[32] In Bonner Kommentar, Art. 67, Erl. II 5.
[33] So anscheinend auch Jellinek, Gesetzgebungsnotstand, S. 13; so ausdrücklich Klemmert, Die Bildung und Veränderung der Bundesregierung nach dem Bonner Grundgesetz, Diss. jur. Würzburg 1962, S. 138, unter Bezugnahme auf Geller-Kleinrahm, Die Verfassung des Landes Nordrhein-Westfalen, 1950, Art. 62, Erl. 2, allerdings ohne zu erwähnen, daß dort die Form des Rücktritts in Art. 62 selbst geregelt ist.
[34] Vgl. hierzu § 30 BBG.

auch einem Mißtrauensvotum nach Art. 67 GG zuvorzukommen. Deshalb muß die Rücktrittserklärung den Bundeskanzler — dasselbe gilt auch für den Rücktritt eines Bundesministers — aber unmittelbar von der Verpflichtung zur Amtsführung und damit von der parlamentarischen Verantwortlichkeit befreien. Wäre dies anders, bedürfte es dazu also noch der Mitwirkung des Bundespräsidenten, könnte das betreffende Regierungsmitglied den Zeitpunkt des Rücktritts nicht in allen Fällen selbst bestimmen. Auch könnte der Bundespräsident diesen Zeitpunkt zwar ohne Berechtigung, aber doch immerhin tatsächlich hinausschieben. Wollte man der Rücktrittserklärung keine unmittelbare Rechtswirkung beimessen, wäre schließlich auch nicht zu erklären, warum ein zurückgetretenes, aber noch nicht entlassenes Regierungsmitglied bereits um die Weiterführung der Geschäfte ersucht werden sollte; andernfalls wäre dies erst nach der Entlassung erforderlich[35]. Die Auffassung, daß die Rücktrittserklärung mehr als nur ein Antrag auf Entlassung ist, scheint auch im Parlamentarischen Rat vorgeherrscht zu haben. Ein Antrag des Allgemeinen Redaktionsausschusses, die verschiedenen Gründe der Beendigung des Amtes in die Verfassung aufzunehmen, wurde nämlich im Hauptausschuß abgelehnt, nachdem in der Aussprache betont worden war, das Erlöschen des Amtes infolge eines Rücktritts sei ebenso selbstverständlich wie im Falle des Todes oder der Verurteilung des Amtsinhabers[36].

Aus dem oben Dargelegten folgt demnach, daß der Bundeskanzler, wenn er den Rücktritt für einen bestimmten Termin erklärt, mit diesem Zeitpunkt, wenn dies ohne Zeitangabe geschieht, mit dem Zugang der Erklärung an den Bundespräsidenten, nicht mehr zur Amtsführung verpflichtet ist, daß das Amtsverhältnis aber erst mit der Entlassung beendet wird. Eine Beauftragung mit der Wahrnehmung der Geschäfte wird deshalb bereits von dem Zeitpunkt an erforderlich, zu dem der Rücktritt erklärt wurde.

V. Tod und Amtsverlust des Bundeskanzlers

Die Amtszeit des Bundeskanzlers endigt schließlich auch mit seinem Tod, ohne daß es noch eines besonderen Entlassungsaktes bedarf. Dieser Endigungsgrund wird deshalb weder im Grundgesetz noch im Bundesministergesetz ausdrücklich erwähnt.

---

[35] So wurde z. B. beim Rücktritt des Bundesministers Dr. Ludger Westrick verfahren. Westrick erklärte am 15. September 1966 Bundeskanzler Erhard seinen Rücktritt. Er wurde vom Bundeskanzler um die Weiterführung der Geschäfte bis zur Ernennung eines Nachfolgers ersucht. Die Entlassung erfolgte erst am 1. Dezember 1966; vgl. Bulletin 1966, Nr. 121 vom 16. 9. 1966, S. 957, und Archiv der Gegenwart, 1966, S. 12767.

[36] Vgl. HA-Steno, S. 39.

Der Vollständigkeit halber sei noch der Amtsverlust wegen Verurteilung zu Zuchthaus, Aberkennung der bürgerlichen Ehrenrechte und Aberkennung der Fähigkeit zur Bekleidung öffentlicher Ämter nach §§ 31, 33, 35, 92a, 101 StGB, § 39 Abs. 2 BVerfGG genannt. Indessen werden diese Fälle wohl nur theoretischer Natur bleiben; denn „man wird ein ernsthaft kompromittiertes Regierungsmitglied auszubooten wissen, bevor es zur Strafverhandlung kommt"[37].

B. Die Beendigungsgründe der Amtszeit eines Bundesministers

Das Grundgesetz enthält auch für die Bundesminister keine abschließende Regelung über die Beendigung ihrer Amtsverhältnisse. Doch bringt das Bundesministergesetz in § 9 nun eine fast lückenlose Aufzählung aller Endigungsgründe.

I. Die Erledigung des Amtes der Bundesminister als Folge der Erledigung des Amtes des Bundeskanzlers

Nach Art. 69 Abs. 2 GG und § 9 BMinG endet das Amtsverhältnis aller Bundesminister mit jeder Erledigung des Amtes des Bundeskanzlers, also mit der Entlassung des Kanzlers auf Grund eines Mißtrauensvotums (§ 9 Abs. 1 Nr. 1), mit dem Zusammentritt eines neuen Bundestages (§ 9 Abs. 1 Nr. 2) sowie mit jeder anderen Erledigung des Amtes des Bundeskanzlers (§ 9 Abs. 1 Nr. 3), also mit dessen freiwilligem Rücktritt, Tod und Amtsverlust. Der Gedanke der Einheit und Geschlossenheit des Kabinetts, der bereits in dem Fehlen eines Mißtrauensvotums mit Abgangspflicht gegen einen einzelnen Minister zum Ausdruck kommt, findet in dieser Bestimmung ausdrücklich seinen Niederschlag. Danach ist es nicht möglich, daß die Amtszeit eines Bundesministers länger als die des Bundeskanzlers dauert; das Amt eines Bundesministers ist untrennbar mit dem eines Bundeskanzlers verknüpft. Endet demnach das Amtsverhältnis des Bundeskanzlers, gleich aus welchen Gründen, endet auch das Amtsverhältnis sämtlicher Bundesminister. Aus der Formulierung des Art. 69 Abs. 2 folgt, daß es dazu keiner Rücktrittserklärung bedarf, sondern daß dieses Ende automatisch eintritt. Eine nachfolgende Entlassung hat nur noch deklaratorische Bedeutung[38]. Von diesem Zeitpunkt ab kommt eine Beauftragung mit der Weiterführung der Geschäfte in Betracht.

---

[37] Vgl. Münch, Bundesregierung, S. 183, Anm. 9, und S. 184.
[38] Vgl. Lechner-Hülshoff, a.a.O., § 9 BMinG, Anm. 1.

II. Der Rücktritt eines Bundesministers

Ebenso wie dem Bundeskanzler steht auch den Bundesministern das Recht zu, jederzeit zurückzutreten. Für die Bundesminister sagt dies ausdrücklich § 9 Abs. 2 Satz 2 BMinG in der korrekten Formulierung, die Bundesminister könnten „jederzeit ihre Entlassung verlangen". Das Bundesministergesetz erwähnt aber nicht, wem gegenüber die Rücktrittserklärung abzugeben ist. Bundespräsident und Bundeskanzler könnten gleichermaßen in Betracht kommen; der Bundespräsident, weil er die Bundesminister ernennt und entläßt, der Bundeskanzler, weil nur auf seinen Vorschlag hin der Bundespräsident tätig werden kann. Mit Recht sieht die herrschende Meinung[39] den Bundeskanzler als den richtigen Adressaten an. Dies folgt einmal aus dem Wortlaut des Art. 64 Abs. 1 GG, wonach auch die Entlassung eines Bundesministers „auf Vorschlag" des Bundeskanzlers geschieht. Man wird den Kanzler aber auch deshalb einschalten, weil der Bundespräsident keinen bestimmenden Einfluß auf die Bildung der Bundesregierung besitzt, sondern der Bundeskanzler der eigentliche Herr über die Zusammensetzung der Bundesregierung ist. Demnach wäre die Rücktrittserklärung eines Bundesministers gegenüber dem Bundeskanzler abzugeben, der daraufhin verpflichtet ist, dem Bundespräsidenten die Entlassung vorzuschlagen. Diese hat der Bundespräsident unter Gegenzeichnung des Kanzlers zu vollziehen.

Auch der Rücktritt eines Bundesministers bedarf keiner *Annahme* durch den Bundeskanzler oder den Bundespräsidenten. Das Prinzip der Freiwilligkeit der Übernahme politischer Ämter gilt selbstverständlich auch für die Bundesminister. Niemand kann gegen seinen Willen gezwungen werden, politische Verantwortung zu tragen. Es ist daher unrichtig, wenn Maunz[40] dem Bundeskanzler das Recht zuspricht, den Entlassungsantrag eines Ministers abzulehnen oder die Entscheidung über einen solchen Antrag monatelang aufzuschieben.

Etwas anderes gilt für ein *Rücktrittsangebot*, wodurch es der betreffende Minister dem Kanzler anheimstellt, ihn zu entlassen, eine Form, die wohl nur dann gewählt wird, wenn eine Entlassung nicht ernstlich gewünscht wird. Es sei darum noch einmal festgehalten, daß ein *Rücktrittsangebot* noch keine *Rücktrittserklärung* ist und den Bundeskanzler nicht verpflichtet, dem Bundespräsidenten die Entlassung des betreffenden Ministers vorzuschlagen. In diesem Sinne sprach sich auch Bundeskanzler Dr. Adenauer in Beantwortung der großen An-

---

[39] v. Mangoldt-Klein, Kommentar, Art. 69, Anm. IV 2 d; Maunz in Maunz-Dürig, Kommentar, Art. 64, Rdnr. 5; Münch, Bundesregierung, S. 189; vgl. auch Art. 95 Abs. 2 der Entwürfe zum GG.

[40] In Maunz-Dürig, Kommentar, Art. 64, Rdnr. 5.

B. Die Beendigungsgründe der Amtszeit eines Bundesministers

frage der Fraktion des GB/BHE und Genossen zu dem Verhalten des Bundeskanzlers gegenüber den Rücktrittsangeboten der Bundesminister Kraft und Prof. Dr. Dr. Oberländer aus: „.... Stellt jedoch ein Minister dem Bundeskanzler durch ein Rücktrittsangebot sein Amt zur Verfügung, so besteht in diesem Falle für den Bundeskanzler keine Verpflichtung, dem Bundespräsidenten die Entlassung vorzuschlagen[41]." Im übrigen gilt das oben für den Bundeskanzler Gesagte entsprechend auch für die Bundesminister.

Wie bei den relativ häufigen Ministerwechseln verfahren wurde, läßt sich in den meisten Fällen nicht nachprüfen, da solche Erklärungen in der Regel nicht schriftlich fixiert werden, sondern mündlich gegenüber dem Bundeskanzler abgegeben werden. Diese Praxis führt allerdings dazu, daß die Öffentlichkeit, vor allem aber das Parlament, vielfach überhaupt nicht oder erst mit Verspätung erfährt, ob eine wirksame Rücktrittserklärung vorliegt und der betreffende Minister deshalb eigentlich nur noch *geschäftsführend* amtieren dürfte. In einem demokratischen Rechtsstaat ist es nicht angängig, Rücktrittserklärungen oder Rücktrittsangebote als vertrauliche Personalangelegenheiten zu behandeln. Der Wortlaut derartiger Erklärungen ist vielmehr unverzüglich und in gehöriger Form zu publizieren.

III. Die Entlassung eines Bundesministers

Nach § 9 Abs. 2 Satz 2 BMinG kann ein Bundesminister jederzeit entlassen werden. Die Entlassung vollzieht nach Art. 64 GG der Bundespräsident auf Vorschlag des Bundeskanzlers. Im Gegensatz zu seiner Ernennung bedarf es des Einverständnisses des Ministers nicht, wenn er entlassen werden soll; er kann also auch gegen seinen Willen entlassen werden[42]. Da ein Bundesminister die Berechtigung und die Verpflichtung zum Führen der Amtsgeschäfte nicht schon mit dem Entlassungsvorschlag des Bundeskanzlers verliert, sondern erst mit der Entlassung durch den Bundespräsidenten, die nach § 10 Satz 2 BMinG mit der Aushändigung der Entlassungsurkunde wirksam wird, ist noch zu klären, wer letztlich darüber entscheidet, ob und zu welchem Zeitpunkt ein Bundesminister entlassen und damit der Tatbestand für ein Ersuchen nach Art. 69 Abs. 3 GG geschaffen wird.

Der Wortlaut des Art. 64 GG läßt offen, ob der Bundespräsident verpflichtet ist, einem solchen Antrag des Bundeskanzlers zu entsprechen[43]. Die Literatur befaßt sich fast nur mit der sehr umstrittenen Frage der

---
[41] Bulletin 1956, Nr. 151 vom 21. 1. 1956, S. 121.
[42] Vgl. Nawiasky, Grundgedanken, S. 98.
[43] Vgl. die Zusammenstellung über die Ausdrucksweise des Grundgesetzes in ähnlichen Fällen bei Münch, Bundesregierung, S. 155.

Mitwirkung bei der Ernennung der Bundesminister; meistens wird, allerdings ohne jede Begründung, darauf hingewiesen, daß die Frage des Mitspracherechts des Bundespräsidenten bei der Entlassung eines Ministers ebenso zu beantworten sei wie bei dessen Ernennung. Diese Schlußfolgerung ist aber, sofern man ein wie auch immer geartetes Ablehnungsrecht des Bundespräsidenten gegenüber den Ernennungsvorschlägen des Bundeskanzlers bejaht[44], nicht gerechtfertigt, wie aus der folgenden Überlegung hervorgeht.

Unbestritten ist, daß der Bundespräsident nur eine Person zum Minister ernennen darf, die der Bundeskanzler vorgeschlagen hat. Das folgt aus Art. 64 GG sowie dem Erfordernis der Gegenzeichnung nach Art. 58 GG. Selbst wenn man dem Bundespräsidenten ein sehr weitgehendes Ablehnungsrecht bei der Ernennung zugesteht, kann immer nur derjenige Kandidat Minister werden, mit dem der Bundeskanzler zusammenarbeiten will. Der Bundespräsident kann allenfalls eine negative Auswahl treffen; er kann dem Bundeskanzler auch nach dieser Meinung keinen Bundesminister aufdrängen. Wollte man nun aber dem Bundespräsidenten auch bei der Entlassung ein wie auch immer geartetes Ablehnungsrecht zusprechen, würde sich dieses negative Auswahlrecht in ein Bestimmungsrecht umwandeln. Der Bundespräsident könnte einen Minister gegen den Willen des Bundeskanzlers im Amt halten; dem Bundeskanzler aber wären bei einer Regierungsumbildung die Hände gebunden, er könnte einen mißliebigen Minister nicht durch einen anderen ersetzen. Der Bundespräsident würde dem Bundeskanzler damit einen Minister aufdrängen; denn auch ein Minster, der sich gegen den Willen des Kanzlers weiterhin im Amt befindet, ist ihm aufgedrängt[45]. Das ist aber selbst nach Meinung derjenigen Autoren, die dem Bundespräsidenten ein umfassendes Mitspracherecht bei der Ernennung zubilligen, unzulässig. Es ist deshalb nicht folgerichtig, von der Bejahung eines Ablehnungsrechts bei der Ernennung auf das Bestehen eines solchen Rechts auch bei der Entlassung zu schließen. Es handelt sich um zwei verschiedene Fragen, die sich nicht mit denselben Argumenten auf dieselbe Weise beantworten lassen[46]. Dem Bundespräsidenten steht, gleichgültig, welchen Standpunkt man hinsichtlich seines Mitspracherechts bei der Ernennung vertritt, jedenfalls bei der Entlassung aus den oben angeführten Gründen

---

[44] Über den Stand der Meinungen vgl. Friesenhahn, a.a.O., S. 47, sowie Menzel, Ermessensfreiheit des Bundespräsidenten bei der Ernennung der Bundesminister?, DÖV 1965, S. 581 f.

[45] In diesem Sinne bereits Anschütz, Kommentar, Art. 53, Anm. 5 b.

[46] Dieser Unterschied wird z. B. von v. Mangoldt-Klein, Kommentar, Art. 64, Anm. IV 1 f, und Münch, Bundesregierung, S. 160 und 187, übersehen.

kein Ablehnungsrecht zu. Er ist verpflichtet, dem Antrag des Bundeskanzlers auf Entlassung eines Ministers unverzüglich stattzugeben[17].

Die zu überbrückende Zwischenzeit ist in diesen Fällen verhältnismäßig kurz; meistens erübrigt sich sogar ein Ersuchen um Weiterführung der Geschäfte, da der Bundeskanzler, der sich von einem Minister trennen will, diesen erst dann zur Entlassung vorschlagen wird, wenn er gleichzeitig einen Nachfolger zur Ernennung vorschlagen kann.

IV. Tod und Amtsverlust eines Bundesministers

Das Amtsverhältnis eines Bundesministers endet schließlich, ebenso wie beim Bundeskanzler, automatisch durch Tod und qualifizierte Verurteilung. Der letzte Fall wird bei einem Minister wohl noch weniger als beim Kanzler praktisch werden, da der Bundeskanzler einen kompromittierten Minister regelmäßig vor dem Beginn einer strafgerichtlichen Verhandlung entlassen lassen wird.

---

[47] Im Ergebnis übereinstimmend, Dreher, Das parlamentarische System des Bonner Grundgesetzes im Vergleich zur Weimarer Verfassung, NJW, S. 131; v. Mangoldt, Kommentar, Art. 64, Anm. 2; Jellinek, Kabinettsfrage und Gesetzgebungsnotstand, DÖV 1949, S. 383; Meder in Bonner Kommentar, Art. 64, Erl. II 1; Maunz in Maunz-Dürig, Art. 64, Rdnr. 1; Friesenhahn, a.a.O., S. 46; Schmidt = Bleibtreu-Klein, Kommentar zum Grundgesetz der Bundesrepublik Deutschland, 1967, Art. 64, Rdnr. 6.

Zweiter Teil

Die Bildung der Geschäftsregierung

Nachdem im ersten Teil die Voraussetzungen für die Bildung der Geschäftsregierung behandelt wurden, befaßt sich die Untersuchung nun mit der Bestellung eines geschäftsführenden Bundeskanzlers, sodann mit der Bestellung eines geschäftsführenden Bundesministers.

A. Die Weiterführung der Geschäfte des Bundeskanzlers

Hat ein Bundeskanzler die Legitimation zur Amtsführung verloren, so fragt es sich, wer die Geschäfte bis zum Amtsantritt des Nachfolgers weiterführt. Daß hierzu in erster Linie der bisherige Bundeskanzler berufen ist, entspricht nicht nur der politischen Gepflogenheit, sondern hat seinen Grund darin, daß dieser auf Grund seiner bisherigen Amtsführung mit dem Gang der Regierungsgeschäfte am meisten vertraut ist. Doch versagt diese Lösung im Fall des Todes des Bundeskanzlers aus tatsächlichen, im Fall des Amtsverlustes durch Verurteilung aus rechtlichen Gründen. Im weiteren Verlauf ist deshalb zwischen der Weiterführung des Amtes des Bundeskanzlers durch den bisherigen Bundeskanzler und durch eine andere Person zu unterscheiden.

I. Die Weiterführung der Geschäfte durch den bisherigen Bundeskanzler

Soll nach dem Zusammentritt eines neuen Bundestages oder nach der Rücktrittserklärung des Bundeskanzlers der bisherige Bundeskanzler die Geschäfte weiterführen, bedarf es dazu einer besonderen Berufung durch den Bundespräsidenten, die in Gestalt des „Ersuchens um Weiterführung der Geschäfte" in Art. 69 Abs. 3 GG geregelt ist[1].

---

[1] In den Bundesländern, in denen es neben dem Regierungschef nicht noch einen Staatspräsidenten gibt, ist die Pflicht der Regierung zur Weiterführung der Geschäfte unmittelbar in der Verfassung ausgesprochen; vgl. hierzu die entsprechenden Bestimmungen in den einzelnen Landesverfassungen: Baden-Württemberg, Art. 55; Niedersachsen, Art. 24, Abs. 4; Hessen, Art. 113, Abs. 3; Schleswig-Holstein, Art. 21, Abs. 4; Nordrhein-Westfalen, Art. 62, Abs. 3; Berlin, Art. 42, Abs. 3 Satz 3; Rheinland-Pfalz, Art. 99, Abs. 4; Bremen, Art. 107, Abs. 3; Hamburg, Art. 37, Abs. 1 und 2.

A. Die Weiterführung der Geschäfte des Bundeskanzlers

Von Form und Inhalt dieses Ersuchens, von der Verpflichtung des Bundespräsidenten zum Ersuchen und der Pflicht des Bundeskanzlers, dem Ersuchen zu entsprechen, ist im folgenden zu handeln.

1. Form und Inhalt des Ersuchens nach Art. 69 Abs. 3 GG

Die Betrauung des bisherigen Bundeskanzlers mit der interimistischen Geschäftsführung geschieht in der Weise, daß der Bundespräsident den bisherigen Bundeskanzler ersucht, die Geschäfte bis zur Ernennung seines Nachfolgers weiterzuführen[2]. Indessen entspricht dieser Wortlaut nicht dem Sinn und Zweck dieser Bestimmung; denn die Kontinuität in der Führung der Regierungsgeschäfte bleibt nur dann gewahrt, wenn der alte Bundeskanzler die Geschäfte so lange führt, bis der neue sein Amt angetreten hat. Besser wäre demnach die Formulierung „bis zum Amtsantritt des Nachfolgers" gewesen. Beide Formulierungen finden sich in den Anträgen und Beratungen der Ausschüsse des Parlamentarischen Rats und waren bereits in Art. 95 des Herrenchiemseer Entwurfs vorhanden. Während nach dessen Abs. 1 der Bundeskanzler die Geschäfte bis zur „Ernennung seines Nachfolgers" führen sollte, war in Abs. 2 bei der entsprechenden Regelung für die Bundesminister vom „Amtsantritt" die Rede. Der gleichzeitige und anscheinend wahllose Gebrauch beider Formulierungen in den Entwürfen und die Aufnahme des nicht korrekten Wortlauts in das Grundgesetz lassen auf eine mangelhafte Redaktion schließen[3]. Im Ergebnis wird Art. 69 Abs. 3 GG übereinstimmend so ausgelegt, daß die Geschäftsführung bis zum Amtsantritt des Nachfolgers zu dauern hat[4]. Dieser Zeitraum ist nach den bisherigen Erfahrungen verhältnismäßig kurz[5], kann jedoch bei nicht eindeutigen Mehrheitsverhältnissen im Bundestag vier Monate dauern[6], wenn sich innerhalb der 14-Tage-Frist des Art. 63 Abs. 3 GG, wie auch im dritten Wahlgang nach Art. 63

---

[2] Vgl. den Brief des Bundespräsidenten an den Bundeskanzler, veröffentlicht in Bulletin 1961, Nr. 197 vom 19. 10. 1961, S. 1859: „Sehr geehrter Herr Bundeskanzler! Nach Art. 69 Abs. 3 des Grundgesetzes endigt das Amt des Bundeskanzlers mit dem Zusammentritt des neuen Bundestages. Der bisherige Bundestagspräsident hat den vierten Deutschen Bundestag auf Dienstag, den 17. 10. 1961, zu seiner konstituierenden Sitzung zusammengerufen. Gemäß Art. 69 Abs. 3 des Grundgesetzes bitte ich Sie, die Geschäfte bis zur Ernennung Ihres Nachfolgers weiterzuführen. Mit vorzüglicher Hochachtung Lübke."

[3] Maunz in Maunz-Dürig, Kommentar, Art. 69, Rdnr. 7, spricht von einem Redaktionsversehen.

[4] v. Mangoldt-Klein, Kommentar, Art. 69, Anm. IV 6; Meder in Bonner Kommentar, Art. 69, Erl. II 3; Maunz in Maunz-Dürig, Art. 69, Rdnr. 7; Münch, Bundesregierung, S. 192; Nawiasky, Grundgedanken, S. 98.

[5] Vgl. die Aufstellung oben im 1. Teil unter A I.

[6] Nach einem Beispiel von Nawiasky, Grundgedanken, S. 96.

Abs. 4 Satz 1 GG, für einen Kanzler keine absolute Mehrheit gefunden hat und der Bundespräsident nach einer Überlegungsfrist von sieben Tagen den Bundestag auflöst, wenn bis zur Neuwahl nach Art. 39 Abs. 1 GG 60 Tage und nach dem Zusammentritt nach Art. 39 Abs. 2 GG weitere 30 Tage verstreichen, bevor ein vielleicht wieder drei Wochen anhaltendes Wahlverfahren beendet ist. Zudem ist nicht ausgeschlossen, daß sich das ganze Verfahren wiederholt.

Mit dem Ersuchen um Weiterführung der Geschäfte kann der Bundespräsident für eine gewisse Zeit entgegen der Regel des Art. 63 Abs. 1 GG die Person des Bundeskanzlers bestimmen, ohne daß er dazu der Gegenzeichnung durch den Bundeskanzler bedarf, Art. 58 Satz 2 GG. Es wäre auch wenig sinnvoll, den Bundeskanzler die politische Verantwortung dafür übernehmen zu lassen, daß er im Amt bleibt[7].

Nach Münch[8] und v. Mangoldt-Klein[9] soll das Ersuchen um Weiterführung der Geschäfte nicht eine Ernennung „ad hoc" sein, die Entlassungsurkunde werde auch erst nach Ablauf der Geschäftsführung ausgehändigt. Bereits unter der Geltung der Weimarer Reichsverfassung war umstritten, ob die mit der Entlassung verbundene Betrauung mit der Fortführung der Geschäfte sich rechtlich als auflösend befristete Neuernennung darstellt[10] oder ob die Entlassung bis zur Ernennung eines neuen Kabinetts aufschiebend befristet ist. Der überwiegende Teil der Literatur[11] und § 12 RMinG entschieden sich für den letzten Weg. Für das Grundgesetz kann die von Münch und v. Mangoldt-Klein vertretene Ansicht schon deshalb nicht uneingeschränkt zutreffen, weil nach Art. 69 Abs. 2 GG sowohl das Amt des Bundeskanzlers im Falle des Zusammentritts eines neuen Bundestages als auch das Amt sämtlicher Bundesminister mit jeder Erledigung des Amtes des Bundeskanzlers endet, ohne daß es einer Entlassung durch den Bundespräsidenten bedarf. Bei einem Ersuchen um Weiterführung der Geschäfte handelt es sich jedenfalls in diesen Fällen um eine auflösend befristete Neuernennung. Für die Praxis ist diese Frage jedoch

---

[7] So zutreffend Menzel in Bonner Kommentar, Art. 58, Erl. II 4 a; nicht überzeugend dagegen die Begründung v. Mangoldts, Kommentar, Art. 58, Anm. 3 a, bei einer Weigerung des Bundeskanzlers könne ein Verfassungsstillstand eintreten; denn diese Gefahr bestünde auch dann, wenn der Bundeskanzler das Ersuchen an ihn zwar gegenzeichnen, aber gleichwohl die Geschäfte nicht weiterführen würde.

[8] Bundesregierung, S. 194.

[9] Kommentar, Art. 69, Anm. V 8.

[10] So Anschütz, Kommentar, Art. 57, Anm. 7.

[11] Vgl. Stier-Somlo, Geschäftsministerium, laufende Geschäfte, ständiger Ausschuß und Notverordnungen nach preußischem Verfassungsrecht, AöR 48 (1925), S. 212; Poetzsch, JöR 13, S. 173.

bedeutungslos[12]. Im übrigen verfährt die Staatspraxis bei der Entlassung nicht einheitlich; die Entlassungsurkunde wird sowohl vor als auch nach dem Ende der Tätigkeit als geschäftsführender Bundeskanzler oder Bundesminister ausgehändigt[13].

2. Die Pflicht des Bundespräsidenten das Ersuchen an den Bundeskanzler zu richten

Aus der Nichterwähnung einer Pflicht des Bundespräsidenten, bei einer Vakanz im Amt des Bundeskanzlers den bisherigen Bundeskanzler um die Weiterführung der Geschäfte zu ersuchen, könnte auf das Nichtbestehen einer solchen Pflicht geschlossen werden[14]. Nach richtiger Ansicht wird man indessen eine solche Pflicht bejahen müssen[15], weil die Existenz des Staates gefährdet wäre, wenn nicht jederzeit eine funktionsfähige Regierung, vor allem aber der Chef der Regierung vorhanden wäre. Die Aufgaben der Regierung oder des Regierungschefs kann der Bundespräsident — ein anderes Verfassungsorgan kommt ohnehin nicht in Betracht — aber auch nicht für kurze Zeit wahrnehmen. Selbst dringende und unaufschiebbare Entscheidungen des Bundeskanzlers darf der Bundespräsident nicht selbst treffen. Das folgt sowohl aus dem in Art. 55 GG enthaltenen Grundsatz, wonach der Bundespräsident nicht der Regierung angehören darf, als auch aus den verfassungsgestaltenden Grundentscheidungen des Grundgesetzes zugunsten eines parlamentarischen Regierungssystems, innerhalb dessen der Bundeskanzler unter der Kontrolle des Parlaments die gesamte

---

[12] Von entscheidender Bedeutung kann diese Frage allerdings in Ausnahmefällen bei der Berechnung der Amtszeit sein, wenn es darum geht, ob ein ausgeschiedenes Regierungsmitglied Übergangsgeld oder Ruhegehalt nach den §§ 13 ff. BMinG zu beanspruchen hat.
[13] Auskunft des Bundeskanzleramts; vgl. hierzu den letzten Fall aus der Staatspraxis: Bundeskanzler Erhard erklärte am Abend des 30. November 1966 seinen Rücktritt. Am 1. Dezember um neun Uhr händigte ihm der Bundespräsident die Entlassungsurkunde aus. Gleichzeitig ersuchte er den entlassenen Bundeskanzler, die Geschäfte bis zur Ernennung eines Nachfolgers weiterzuführen; Bulletin 1966, Nr. 153 vom 3. 12. 1966, S. 1230. In derselben Reihenfolge vollzog sich auch die Ablösung des Bundeskanzlers Dr. Adenauer durch den Bundeswirtschaftsminister Dr. Erhard. Dr. Adenauer wurde am 15. Oktober 1963 entlassen; gleichzeitig händigte ihm der Bundespräsident ein Schreiben aus, in dem der entlassene Bundeskanzler ersucht wurde, die Geschäfte bis zur Ernennung eines Nachfolgers weiterzuführen. Erhard wurde am 17. Oktober 1963 zum Bundeskanzler ernannt; vgl. Bulletin 1963, Nr. 184 vom 17. 10. 1963, S. 1606.
[14] So allerdings ohne Begründung Maunz in Maunz-Dürig, Kommentar, Art. 69, Rdnr. 5, und Amphoux, a.a.O., S. 147, der nicht von einer Pflicht, sondern nur von einer Möglichkeit des Bundespräsidenten spricht.
[15] Vgl. v. Mangoldt-Klein, Kommentar, Art. 69, Anm. V 5; Münch, Bundesregierung, S. 194; Dreher, Das Parlamentarische System, S. 130 f.; Steinbrenner, Grundgesetz und Regierungsbildung, Diss. jur. Heidelberg 1952, S. 160; Pöttgen, Die Gegenzeichnung der Amtshandlungen des Bundespräsidenten nach Art. 58 des Grundgesetzes, S. 83.

Staatspolitik führt, während die Stellung des Bundespräsidenten, dem wesentliche Einflußrechte, wie das alleinige Ernennungs- und Entlassungsrecht des Regierungschefs, ein allgemeines Parlamentsauflösungsrecht, der Oberbefehl über die Streitkräfte und ein Notverordnungsrecht, fehlen, überwiegend „ins Repräsentative orientiert" ist[16]. Die Ausübung von Regierungsfunktionen durch den Bundespräsidenten vertrüge sich aber auch nicht mit seiner Funktion als „pouvoir neutre"[17], der seiner Aufgabe nur dann gerecht werden kann, wenn er der jeweiligen parlamentarisch-politischen Kampfsituation entrückt ist[18].

Ist dem Bundespräsidenten aber eine Übernahme der exekutiven Befugnisse des Bundeskanzlers versagt, weil er dafür weder grundgesetzlich zuständig noch parlamentarisch verantwortlich ist, muß er den Bundeskanzler um die Weiterführung der Geschäfte ersuchen. Der Bundespräsident hat demnach in solchen Fällen keinen Entscheidungsspielraum.

3. Die Pflicht des Ersuchten zur Weiterführung der Geschäfte

Durch die in Art. 69 Abs. 3 GG statuierte Pflicht des Bundeskanzlers, die Geschäfte weiterzuführen, wird das bereits mehrfach erwähnte Prinzip der Freiwilligkeit der Übernahme politischer Ämter eingeschränkt[19]. Jedoch gilt dies in dieser Schärfe eigentlich nur für den Fall, daß der Bundeskanzler amtsmüde ist und seinen Rücktritt erklärt; denn in all den Fällen, in denen seine Amtszeit von Gesetzes wegen oder auf Grund fremden Rechtsaktes endet, ist ein entgegenstehender tatsächlicher Wille meist gar nicht vorhanden. Indessen ist diese Einschränkung des Grundsatzes der Freiwilligkeit der Übernahme politischer Ämter wegen des Verbots der Vakanz im Amt des Bundeskanzlers unumgänglich. Sie ist aber auch damit zu rechtfertigen, daß der Bundeskanzler ursprünglich sein Amt freiwillig und in dem Bewußtsein angetreten hat, sein Amt nicht einseitig preisgeben zu dürfen, sondern auch gegen seinen Willen noch für eine Zeitlang daran festgehalten werden zu können[20]. Es ist demnach festzustellen, daß

---

[16] So zutreffend Scheuner, Das Parlamentarische Regierungssystem in der Bundesrepublik Deutschland, DÖV 1957, S. 633.

[17] Der Begriff stammt von Benjamin Constant; daß dem Bundespräsidenten die Funktion eines „pouvoir neutre" zukommt, wird in der Literatur fast einhellig anerkannt; vgl. hierzu die bei Kimminich, Das Staatsoberhaupt in der parlamentarischen Demokratie, VVDStRL, Heft 25, S. 81, Fußnote 225 und 226, angeführte Literatur.

[18] So Weber, Parlamentarische Unvereinbarkeiten, AöR 58 (1930), S. 203, allgemein für den Präsidenten.

[19] v. Mangoldt-Klein, Kommentar, Art. 69, Anm. V 4.

[20] So Münch, Bundesregierung, S. 191 f.

der Bundeskanzler grundsätzlich verpflichtet ist, auf ein Ersuchen des Bundespräsidenten die Amtsgeschäfte so lange weiterzuführen, bis sein Nachfolger sein Amt angetreten hat.

Allerdings ist Nawiasky[21] zuzugeben, daß dieses Ersuchen für den Bundeskanzler nur insoweit bindend ist, als es für ihn zumutbar ist. Ein Fall der Unzumutbarkeit liegt dann vor, wenn der Bundeskanzler wegen Gebrechlichkeit oder einer schweren Krankheit zurückgetreten ist. Hier kann das Ersuchen keine Rechtspflicht erzeugen, dem Bundeskanzler steht vielmehr ein Weigerungsrecht zu. Schwieriger zu entscheiden ist die Frage, ob dem Bundeskanzler auch ein Weigerungsrecht zuzubilligen ist, wenn sein Rücktritt aus politischen Gründen erfolgte. Richtig ist, daß nicht allein das Vorhandensein von Spannungen und Meinungsverschiedenheiten ein solches Recht gewährt; denn schon allein die Existenz der Vorschrift des Art. 69 Abs. 3 GG zeigt, daß das Grundgesetz „solche in der Natur der Sache liegende Hinderungsgründe erkennbar mit in Kauf nimmt"[22]. Man wird deshalb dem Bundeskanzler nur dann ein Weigerungsrecht zugestehen dürfen, wenn er im Parlament oder im Kabinett keinerlei Unterstützung mehr findet und eine auch nur kurzfristige Weiterführung des Amtes mehr schaden als nützen würde. Selbstverständlich ist, daß im Falle des Amtsverlustes durch Verurteilung ein Ersuchen nach Art. 69 Abs. 3 GG nicht zulässig ist[23].

II. Die Fortführung der Geschäfte des Bundeskanzlers durch eine andere Person

Nachdem sich gezeigt hat, daß der bisherige Bundeskanzler nur nach dem Zusammentritt eines neuen Bundestages und nach seiner Rücktrittserklärung um die Weiterführung der Geschäfte ersucht werden kann, kommt für eine interimistische Geschäftsführung im Falle des Amtsverlusts durch strafgerichtliche Verurteilung, beim Tod des bisherigen Bundeskanzlers und im Falle der Unzumutbarkeit der Weiter-

---

[21] Grundgedanken, S. 98 und 110; zustimmend Roß, Die staatsrechtliche Stellung des Staatsoberhaupts nach der Weimarer Verfassung vom 11. August 1919 und dem Grundgesetz für die Bundesrepublik Deutschland vom 23. Mai 1949, Diss. jur. Würzburg 1962, S. 445; Wasser, Die Stellung des Bundespräsidenten nach dem Grundgesetz für die Bundesrepublik Deutschland vom 23. Mai 1949, Diss. jur. Köln 1951, S. 42; Maunz in Maunz-Dürig, Kommentar, Art. 69, Rdnr. 5; ähnlich auch Münch, Bundesregierung, S. 192, der zwar dem Ersuchten kein Weigerungsrecht zugesteht, aber dem Ersuchenden das Recht, beim Vorliegen von ernsten Gründen auf einen diesbezüglichen Wunsch des Ersuchten Rücksicht zu nehmen; a. A. Schmidt = Bleibtreu-Klein, Kommentar, Art. 69 Rdnr. 6.
[22] Maunz in Maunz-Dürig, Kommentar, Art. 69, Rdnr. 5.
[23] v. Mangoldt-Klein, Kommentar, Art. 69, Anm. V 4; Münch, Bundesregierung, S. 192.

führung durch den alten Bundeskanzler nur eine Person in Betracht, die bisher nicht Bundeskanzler war. Ob hierfür der Stellvertreter des Bundeskanzlers in Frage kommt, ob andere Regierungsmitglieder nach Art. 69 Abs. 3 GG ersucht werden dürfen oder ob ein anderes Verfahren zur Bestellung eines geschäftsführenden Bundeskanzlers notwendig und zulässig ist, soll im folgenden untersucht werden.

1. Die Amtsübernahme durch den Stellvertreter des Bundeskanzlers

Der nach Art. 69 Abs. 1 GG vom Bundeskanzler zu seinem Stellvertreter ernannte Bundesminister vertritt gemäß § 8 GeschO BReg den Bundeskanzler, wenn dieser an der Wahrnehmung der Geschäfte verhindert ist, also nicht mehr in der Lage ist, die Regierungsgeschäfte zu führen[24]. Kein Verhinderungsgrund in diesem Sinne ist aber der Tod des Bundeskanzlers, so daß der Stellvertreter nicht automatisch das Amt des Bundeskanzlers übernimmt, wenn dieser stirbt[25].

Denn nach Art. 69 Abs. 2 GG endet auch die Amtszeit des Stellvertreters zugleich mit der Erledigung des Amtes[26] des Bundeskanzlers, weil das Amt des Stellvertreters an das eines Bundesministers gebunden ist. Dieser klare und eindeutige Wortlaut läßt keine andere Auslegung zu. Darüber hinaus geht auch aus der Art und Weise der Bestellung und Abberufung des Stellvertreters, der ohne jede Mitwirkung anderer Verfassungsorgane vom Bundeskanzler als Stellvertreter ernannt und entlassen werden kann, hervor, daß der Vizekanzler wegen der darin zum Ausdruck kommenden alleinigen Abhängigkeit vom Bundeskanzler nicht länger als dieser selbst im Amt bleiben kann und darf[27].

Aber auch die Entstehungsgeschichte dieser Verfassungsbestimmung zeigt, daß der Verfassunggeber bewußt darauf verzichtet hat, den Stellvertreter mit eigenen Kompetenzen auszustatten oder ihm gar die Nachfolge bei einer Vakanz im Amt des Bundeskanzlers zu übertragen. Eine entsprechende Regelung enthielt noch Art. 91 Abs. 2 HchE, der in der 2. Lesung des Hauptausschusses als Art. 95 a Abs. 2 beschlossen und in der 3. Lesung im Wortlaut dem jetzigen Art. 57 GG angeglichen

---

[24] Lechner-Hülshoff, a.a.O., § 8 GeschO BReg, Anm. 2.

[25] So zutreffend v. Mangoldt-Klein, Kommentar, Art. 69, Anm. III 1 b; Freund, Der Vizekanzler, Die Zeit, Nr. 42 vom 18. 10. 1956, S. 2.

[26] Richtiger „mit der Beendigung der Amtszeit", vgl. oben S. 17.

[27] Unzutreffend deshalb Meder in Bonner Kommentar, Art. 69, Erl. II 1: „Mangels abweichender Bestimmungen im BBG. hat der Stellvertreter des Bundeskanzlers im Falle des Todes des letzteren dessen Amt bis zur Ernennung des neuen Bundeskanzlers weiterzuführen"; ebenso Schmidt = Bleibtreu-Klein, Kommentar, Art. 69, Rdnr. 4; Amphoux, a.a.O., S. 148.

worden war. Diese Verfassungsbestimmung wurde aber in der 4. Lesung wieder gestrichen[28], obwohl sie gerade im Hinblick auf den in der 2. Lesung in den Entwurf aufgenommenen jetzigen Art. 69 Abs. 2 GG, wonach das Amt eines Bundesministers mit jeder Erledigung des Amtes des Bundeskanzlers endigt, notwendig gewesen wäre. Zwar erfolgte diese Streichung ohne jede Begründung, jedoch ist im Hinblick auf die zu beobachtende Tendenz, die Stellung des Stellvertreters nicht zu stark zu gestalten[29], anzunehmen, daß sie in dieser Absicht erfolgte. Aus dem Wortlaut des Art. 69 Abs. 3 GG sowie aus der Entstehungsgeschichte folgt somit, daß der Stellvertreter des Bundeskanzlers die Amtsgeschäfte des Bundeskanzlers, wenn dessen Amtszeit aus irgendeinem Grunde endet, nur dann weiterführen darf, wenn er eigens dazu berufen wird.

2. Das Ersuchen des Bundespräsidenten nach Art. 69 Abs. 3 GG

Nachdem festgestellt wurde, daß eine automatische Amtsübernahme durch den Vizekanzler nicht stattfindet, ist zu untersuchen, ob die häufig anzutreffende Ansicht, der Bundespräsident könne auch den Stellvertreter des Bundeskanzlers oder auch ein anderes Regierungsmitglied gemäß Art. 69 Abs. 3 GG um die Weiterführung der Geschäfte des Bundeskanzlers ersuchen[30], mit dem Wortlaut und dem Sinn dieser Vorschrift zu vereinbaren ist. Der Wortlaut spricht eindeutig gegen eine solche weite Auslegung, denn wenn es in Art. 69 Abs. 3 GG heißt, daß der Bundeskanzler oder ein Bundesminister verpflichtet ist, die Geschäfte bis zur Ernennung „seines" Nachfolgers weiterzuführen, so kann sich das Wort „seines" nur auf den bisherigen Amtsinhaber beziehen. Aber auch der dieser Bestimmung zugrunde liegende Sinn gebietet eine enge Auslegung. Es ist bereits erwähnt worden, daß ein Ersuchen nach Art. 69 Abs. 3 GG nur deshalb zulässig ist, weil der um die Weiterführung der Geschäfte eines bestimmten Amtes Ersuchte dieses Amt ursprünglich auf Grund der Wahl durch den Bundestag und der Ernennung durch den Bundespräsidenten angetreten hatte und

---

[28] Vgl. oben S. 11 und 15.
[29] Vgl. die diesbezüglichen Äußerungen in der 8. Sitzung des OrgA und der 34. Sitzung des HA.
[30] So Nawiasky, Grundgedanken, S. 110; Maunz in Maunz-Dürig, Kommentar, Art. 69, Rdnr. 2; Schmidt = Bleibtreu-Klein, Kommentar, Art. 69, Rdnr. 7; Meder in Bonner Kommentar, Art. 69, Erl. II 1; Laufkötter, Die Bildung der Bundesregierung der Bundesrepublik Deutschland, Diss. jur. Köln 1952, S. 118; Janssen, Der Bundespräsident. Seine Rechte und Pflichten nach dem Bonner Grundgesetz vom 23. Mai 1949, Diss. jur. Köln 1951, S. 109, der eigens die Pflicht eines jeden Bundesministers betont, auf Ersuchen des Bundespräsidenten die Kanzlergeschäfte zu führen.

daß dieses Ersuchen nur darum eine bindende Wirkung entfalten kann, weil der Betreffende dieses Amt einmal freiwillig übernommen hatte. Beide Voraussetzungen liegen aber bei einem Ersuchen eines Bundesministers um Übernahme der Geschäfte des Bundeskanzlers nicht vor. Das bedarf im Hinblick auf die rechtlich und politisch andersgeartete Stellung des Bundeskanzlers keiner weiteren Erörterung[31]. Auch die von Kerschbaumer[32] vorgeschlagene Lösung, daß der Vizekanzler, von dem Bundespräsidenten um die Weiterführung der Geschäfte ersucht, die Geschäfte des Bundeskanzlers in seiner Eigenschaft als Stellvertreter des Bundeskanzlers weiterführt, ist rechtlich nicht möglich und mit seiner verfassungsrechtlich schwachen Stellung unvereinbar. Aus einem Bundesminister, der, solange der Stellvertretungsfall nicht vorliegt, nicht über sein Ressort hinausgehoben ist[33] und der ohne Mitwirkung anderer Verfassungsorgane allein vom Bundeskanzler zu seinem Stellvertreter bestellt wird, würde dadurch ein vom Verfassunggeber gerade nicht gewollter und auch nicht geschaffener Ersatzmann des Bundeskanzlers. Der geschäftsführende Stellvertreter des Bundeskanzlers, der keinen Kanzler zu vertreten hätte, bliebe nämlich nicht Stellvertreter des Bundeskanzlers, sondern wäre der geschäftsführende Bundeskanzler selbst; dies aber, ohne jemals zum Bundeskanzler gewählt worden und als solcher verantwortlich gewesen zu sein[34].

Eine weite Auslegung läßt sich aber auch nicht aus der Entstehungsgeschichte des Art. 69 GG begründen. Sowohl aus der Begründung zum Herrenchiemseer Entwurf als auch aus den Beratungen im Organisationsausschuß des Parlamentarischen Rates[35] geht hervor, daß man mit dieser Regelung zunächst nur für den Fall Vorsorge treffen wollte, daß ein Regierungsmitglied zurücktritt und sein Amt im Stich lassen will, noch bevor ein Nachfolger zur Übernahme dieses Amtes bereit ist. Erst mit der Aufnahme des jetzigen Abs. 2 des Art. 69 GG wurde ein zweiter Anwendungsfall für das Ersuchen geschaffen. Nur für diejenigen

---

[31] Vgl. v. Mangoldt-Klein, Kommentar, Art. 69, Anm. V 7 a; anders aber noch v. Mangoldt, Kommentar, Art. 69, Anm. 4.

[32] a.a.O., Die Befugnisse des Ministerpräsidenten nach der Verfassung des Freistaates Bayern vom 2. Dezember 1946 im Vergleich zu denen des Bundeskanzlers nach dem Grundgesetz für die Bundesrepublik Deutschland vom 23. Mai 1949, Diss. jur. München 1951, S. 34.

[33] Vgl. Junker, Die Richtlinienkompetenz des Bundeskanzlers, Diss. jur. Tübingen 1963, in: Tübinger Studien zur Geschichte und Politik, Nr. 20, Tübingen 1965, S. 122.

[34] So Friedrich Klein, Grundgesetz und unmittelbarer Wechsel vom Mitglied der Bundesregierung zum Bundespräsidenten, Blätter für deutsche und internationale Politik, Köln, 4. Jg. 1959, Sonderdruck zu Heft 6, S. 24.

[35] Vgl. HChE, Darstellender Teil, S. 55, und die Beratungen des OrgA in seiner 8. Sitzung vom 7. 10. 1948, Stenoprot., S. 94.

A. Die Weiterführung der Geschäfte des Bundeskanzlers

Fälle, in denen der bisherige Amtsinhaber zur Weiterführung der Amtsgeschäfte tatsächlich und rechtlich in der Lage ist, war das Ersuchen nach Art. 69 Abs. 3 GG vorgesehen, nicht aber für die Amtsbeendigung durch Tod oder Verlust der Amtsfähigkeit. Ausdrücklich erwähnte dies der Allgemeine Redaktionsausschuß in seinem Vorschlag zur 1. Lesung des Hauptausschusses[36]. In dieser Fassung waren als Anwendungsfälle für das Ersuchen nur der Rücktritt eines Regierungsmitglieds und der Zusammentritt eines neuen Bundestages aufgezählt. Außerdem sah der in der 2. Lesung als Art. 95 a unverändert beschlossene Art. 91[37] in seinem Abs. 2 für den Fall des Todes des Bundeskanzlers die schon erwähnte Lösung vor, daß der Stellvertreter die Geschäfte des Amtes des Bundeskanzlers übernimmt. Aus der Tatsache, daß die konkretere Fassung des Allgemeinen Redaktionsausschusses nicht angenommen wurde, sondern die allgemeine Fassung des jetzigen Art. 69 Abs. 3 GG bestehen blieb, kann jedenfalls nicht hergeleitet werden, daß diese Fassung auch die Fälle der Amtsbeendigung durch Tod und Amtsverlust mitregeln wollte, zumal der die automatische Amtsübernahme durch den Stellvertreter regelnde Art. 95 a Abs. 2 erst später, nämlich in der 4. Lesung des Hauptausschusses auf Vorschlag des Allgemeinen Redaktionsausschusses gestrichen wurde[38]. Bei dieser Streichung hat man aber anscheinend übersehen, daß wegen Art. 69 Abs. 2 und des eng angelegten Abs. 3 nun keine Regelung mehr für eine sichere und schnelle Nachfolge im Amt des Bundeskanzlers vorhanden und das Grundgesetz somit lückenhaft geworden war. Da der Verfassunggeber diese Lücke kaum mit Bedacht in Kauf genommen hat, ist diese Folgerung in Anbetracht der in den letzten Tagen vor der Schlußabstimmung von den Ausschüssen und vom Plenum bewältigten Arbeitslast naheliegend; denn der hier in Frage stehende, ohne Begründung eingebrachte Vorschlag des Allgemeinen Redaktionsausschusses zur Streichung bzw. Neufassung der Art. 95 und 95 a wurde innerhalb weniger Tage ohne jede Aussprache sowohl vom Hauptausschuß als auch vom Plenum gebilligt.

Festzuhalten ist als Ergebnis, daß nach Art. 69 Abs. 3 GG ein Ersuchen an einen anderen als den *bisherigen* Bundeskanzler nicht gerichtet werden kann. Ersucht der Bundespräsident dennoch den Vizekanzler oder einen anderen Bundesminister um die Weiterführung der Geschäfte des Bundeskanzlers, kann ein solch unzulässiges, von Art. 69 Abs. 3 GG nicht gedecktes Ersuchen keine verpflichtende Wirkung haben[39].

---
[36] Entwürfe, S. 27, Drucks. Nr. 276.
[37] Vgl. oben Fußnote 4 und 32 der Einleitung.
[38] HA-Steno, S. 754.
[39] So zutreffend v. Mangoldt-Klein, Kommentar, Art. 69, Anm. V 7 a; Amphoux, a.a.O., S. 148.

3. Das außerordentliche Ernennungsrecht des Bundespräsidenten

Scheidet auf Grund der oben angestellten Überlegungen ein Ersuchen nach Art. 69 Abs. 3 GG aus, dann stellt sich die Frage, auf welche Weise die Vakanz im Amt des Bundeskanzlers behoben werden kann. Ein eigenes Ernennungsrecht steht dem Bundespräsidenten im Gegensatz zum Reichspräsidenten[40] nicht zu; er besitzt nach Art. 63 Abs. 1 GG nur noch ein Vorschlagsrecht und vollzieht nach der Wahl des Bundeskanzlers durch den Bundestag einen Formalakt, von der Ausnahme des Art. 63 Abs. 4 Satz 3 einmal abgesehen. Indessen wird zur Schließung der Verfassungslücke nur der von v. Mangoldt-Klein[41] vorgeschlagene Weg gangbar sein, nämlich dem Bundespräsidenten auch ohne vorangegangene Wahl durch den Bundestag eine außerordentliche Ernennungsbefugnis zuzubilligen.

Diese Ernennung ist zur Wahrung der staatlichen Kontinuität gerechtfertigt, „denn die ununterbrochene Regierungsfunktion bedeutet ein Essentiale des Staates als solchem, unabhängig von irgendwelcher entsprechenden verfassungsgesetzlichen Normierung"[42]. Seine Existenz ist bedroht, sobald er auch nur für kurze Zeit der Führung durch den Bundeskanzler beraubt ist, der auf Grund seiner Aufgaben und Zuständigkeiten der „führende Staatsmann der Republik, der Chef des Regierungsbetriebes, der Vorsitzende und Geschäftsführer des Kollegiums"[43] ist. Ist sein Amt verwaist und somit ein, wenn auch nur kurzfristiger regierungsloser Zustand eingetreten, dann muß dem ungeschriebenen Grundsatz der Kontinuität der Regierung, der im Grundgesetz nur lückenhaft verwirklicht wurde, durch die außerordentliche Ernennung eines Bundeskanzlers Rechnung getragen werden. Dies gilt auch dann, wenn eine Ernennung ohne vorangegangene Wahl gegen das in Art. 63 GG verankerte Recht des Bundestages verstößt, die Person des zu Ernennenden zu bestimmen. Dieser Verstoß ist jedoch tragbar, da er nicht zu einer endgültigen Aufhebung des Rechts des Parlaments führt, sondern sich nur so lange auswirkt, bis das gleichzeitig gem. Art. 63 GG in Gang gesetzte Wahlverfahren zu einer Neuwahl bzw. zum Amtsantritt eines neuen Bundeskanzlers geführt hat. Das Parlament selbst hat es in der Hand, die Amtszeit des nicht von ihm legitimierten Kanzlers möglichst kurz zu halten. Zudem ist die außergewöhnlich erscheinende Situation, daß ein voll aktionsfähi-

---

[40] Vgl. Art. 53 WRV.
[41] Kommentar, Art. 69, Anm. V 7 b.
[42] Dreher, Geschäftsregierung und Reichsverfassung, Diss. jur. Leipzig 1932, S. 45.
[43] Giese, Staatsrecht, 1956, S. 202.

A. Die Weiterführung der Geschäfte des Bundeskanzlers

ger Bundestag vorhanden ist und sich gleichzeitig ein Bundeskanzler im Amt befindet, der nicht von diesem Parlament gewählt wurde, auch dem Grundgesetz nicht fremd, wie der Fall des nach dem Zusammentritt eines neuen Bundestages nach Art. 69 Abs. 3 GG amtierenden Bundeskanzlers zeigt.

Der für eine solche Übergangszeit zu ernennende Kanzler empfängt seine Legitimation im Gegensatz zu dem nach Art. 63, 67 oder 68 GG Gewählten nicht vom Parlament, sondern von demjenigen, der ihn ernennt. Wie bereits erwähnt, ist hierzu der Bundespräsident berufen, dem das Grundgesetz in Art. 69 Abs. 3 die Funktion eines Wahrers der staatlichen Kontinuität verliehen hat[44]. Er allein verfügt auf Grund seiner außerhalb des parteipolitischen Spannungsfeldes liegenden, neutralen Stellung über die erforderliche Autorität und Integrität. Eine politisch-parlamentarische Verantwortung erwächst daraus für den Bundespräsidenten nicht; er unterliegt nach wie vor allein der staatsrechtlichen Verantwortlichkeit gem. Art. 61 GG.

Nachdem die außerordentliche Ernennungsbefugnis des Bundespräsidenten bejaht wurde, ist die weitere Frage zu beantworten, ob hierfür ein bestimmter Amts- oder Funktionsträger in Betracht kommt oder eine andere Person, die das Vertrauen des Bundespräsidenten besitzt. Der Umstand, daß der Bundespräsident den geschäftsführenden Bundeskanzler ohne Mitwirkung anderer Verfassungsorgane in eigener Verantwortung ernennt, scheint eine weitgehend freie Auswahl bei der Handhabung des außerordentlichen Ernennungsrechts zu rechtfertigen. Richtiger dürfte es jedoch sein, das Auswahlrecht dahingehend einzuengen, daß der Bundespräsident den Vizekanzler zu ernennen hat und nur, wenn dieser sich zu einer Übernahme dieses Amtes nicht bereit erklärt, ein anderes Regierungsmitglied oder notfalls eine andere geeignete Persönlichkeit ernennen darf. Diese Lösung verdient deshalb den Vorzug, weil sie am ehesten mit dem Sinn der in Art. 69 GG getroffenen Regelung in Einklang zu bringen ist. Diese sieht vor, daß die Geschäftsregierung personell grundsätzlich aus der bisherigen Regierung erwächst. Die Gründe hierfür sind verfassungsrechtlicher und praktischer Natur. Einmal soll der Konflikt zwischen dem Parlament und der von ihm nicht legitimierten Geschäftsregierung dadurch entschärft werden, daß die Berufung zu einem Mitglied des geschäftsführenden Kabinetts von der ursprünglichen Legitimation abhängig gemacht wird. Zum anderen ist nicht unwichtig, daß die bisherigen Regierungsmitglieder mit dem Gang der Regierungs-

---

[44] Auch Kimminich, Das Staatsoberhaupt in der parlamentarischen Demokratie, VVDStRL, Heft 25, S. 87, und Leitsatz 22 auf S. 93, bezeichnet als wichtigste Funktion des Staatsoberhaupts in der parlamentarischen Demokratie die Kontinuitätswahrung.

geschäfte am vertrautesten sind. Diese Gründe dürften dafür ausschlaggebend sein, vor allen anderen Bundesministern den Vizekanzler zum geschäftsführenden Bundeskanzler zu ernennen.

Damit stimmt die hier vertretene Lösung mit der herrschenden Meinung[45], wonach der Bundespräsident befugt sei, Bundesminister, Staatssekretäre oder andere geeignete Persönlichkeiten um die Weiterführung der Geschäfte zu ersuchen, im Ergebnis weitgehend überein. Doch sei zur Hervorhebung des eigenen Standpunkts nochmals darauf hingewiesen, daß die Beauftragung einer Person mit der Wahrnehmung der Geschäfte des Bundeskanzlers, die bisher nicht Bundeskanzler war, rechtlich nicht ein Ersuchen nach Art. 69 Abs. 3 GG ist, das den Ersuchten bindet, sondern eine außerordentliche, im Grundgesetz nicht vorgesehene Ernennung zum geschäftsführenden Bundeskanzler. Selbstverständlich kann der Bundespräsident diesen geschäftsführenden Kanzler nur mit dessen Einverständnis ernennen; denn der Grundsatz der Freiwilligkeit der Übernahme politischer Ämter gilt außerhalb des Art. 69 Abs. 3 GG uneingeschränkt.

Obwohl die Verfassungslücke dadurch geschlossen werden konnte, daß auf Grund des Verbots der Vakanz im Amt des Bundeskanzlers eine außerordentliche Ernennungsbefugnis des Bundespräsidenten hergeleitet wurde, ist mit v. Mangold-Klein[46] zu fordern, daß diese Lücke durch eine Ergänzung des Grundgesetzes geschlossen wird, da diese Ernennungsbefugnis durch eine positive grundgesetzliche Vorschrift gedeckt sein sollte.

B. Die Weiterführung der Geschäfte eines Bundesministers

Da bei Tod oder Amtsverlust eines Bundesministers kraft strafgerichtlicher Verurteilung oder für den Fall, daß sich der Kanzler sofort von einem Minister trennen will, der betreffende Minister für eine interimistische Geschäftsführung nicht in Betracht kommt, ist im folgenden zwischen der Fortführung durch den bisherigen Amtsinhaber und der Fortführung durch eine andere Person zu unterscheiden. In diesem Zusammenhang tauchen ähnliche Fragestellungen auf wie bei der Bestellung eines geschäftsführenden Bundeskanzlers, vermehrt noch durch das Problem der Zuständigkeit für das Ersuchen an die Minister. Diese Probleme würden aber weitgehend gegenstandslos

---

[45] Vgl. oben Fußnote 30.
[46] Kommentar, Art. 69, Anm. V 7 b.

oder zumindest bedeutungslos, wenn das Amt eines Ministers nicht ebenso wie das Amt des Bundeskanzlers jederzeit besetzt sein müßte. Die Untersuchung hat sich deshalb zuerst mit dieser Frage zu befassen.

I. Die Zulässigkeit der Vakanz im Amt eines Bundesministers

Nicht zu verwechseln mit dem in diesem Abschnitt zu erörternden Problem ist die organisationsrechtliche Frage der Errichtung und Aufhebung von Ministerien. Vielmehr geht es hier allein darum, ob im Falle eines Ausscheidens eines Ministers, unter Beibehaltung der bisherigen Zahl der Ministerien, dessen Stelle ebenso wie die des Regierungschefs auch nicht für kurze Zeit verwaist sein darf.

In der Literatur wird diese Frage, soweit ersichtlich, nur vereinzelt und auch nur im Rahmen des Art. 69 Abs. 3 GG behandelt. Während v. Mangoldt-Klein[47] auch im Falle des Ersuchens an einen Minister aus denselben Gründen wie beim Ersuchen an den Bundeskanzler eine Pflicht des Ersuchenden herleitet, verneint dies Maunz[48] ohne Begründung; Münch[49] nimmt eine solche Pflicht nur insoweit an, daß für die voraussichtliche Dauer der Vakanz der Lauf der Geschäfte gesichert ist, ohne eine Beibehaltung des bisherigen zahlenmäßigen Bestandes der Minister zu fordern. Zwar wurde oben die Pflicht des Bundespräsidenten, bei jeder Vakanz im Amt des Bundeskanzlers einen geschäftsführenden Kanzler zu bestellen, bejaht, doch kann dieses Ergebnis mit der dortigen Begründung — entgegen der Ansicht von v. Mangoldt-Klein — nicht unbesehen auch auf den Fall übertragen werden, daß ein oder mehrere Bundesminister die Legitimation zur Amtsführung verloren haben; denn in einem solchen Fall ist die Existenz des Staates, anders als beim Fehlen des Regierungschefs, noch nicht gefährdet; die Führung der Staatsgeschäfte, insbesondere die Kabinettsarbeit könnte auch mit einem Teil des gegenwärtig aus dem Kanzler und neunzehn Ministern bestehenden Kabinetts bewältigt werden[50].

Indessen folgt aus dem demokratisch-parlamentarischen Regierungssystem des Grundgesetzes, daß jedes Ressort zu jeder Zeit einen parlamentarisch verantwortlichen Leiter besitzen muß. Setzt die demokratische und rechtsstaatliche Herrschaftsordnung des Grundgesetzes eine

---

[47] Kommentar, Art. 69, Anm. V 5.
[48] In Maunz-Dürig, Kommentar, Art. 69, Rdnr. 5.
[49] Bundesregierung, S. 194.
[50] Daß bereits die gegenwärtig große Zahl von Bundesministern das Kabinett eher zu „einer Art Versammlung" als zu einem Kollegium macht und es dadurch als Koordinations- und Lenkungsorgan „nur sehr bedingt aktionsfähig" ist, hat Böckenförde, Die Organisationsgewalt im Bereich der Regierung, Berlin 1964, S. 175, 179, hervorgehoben.

verantwortliche Regierung voraus[51], so verlangt das parlamentarische Regierungssystem darüber hinaus eine Verantwortlichkeit der Regierung gegenüber der Volksvertretung und eine Kontrolle durch diese. Daraus folgt, daß die gesamte Tätigkeit der Exekutive dieser Verantwortlichkeit unterfallen muß und daß „kein Reservatgebiet unverantwortlicher Herrschaftsübung im Staat geduldet werden" kann[52]. Daher darf es, sofern nicht die Verfassung selbst Ausnahmen vorsieht, „keinen Bereich staatlicher Verwaltungstätigkeit und keine organisatorische Einheit geben, die nicht von einem ministeriellen Ressort erfaßt werden"[53]. Damit ist bereits der im Grundgesetz verankerte Grundsatz des Ministerialsystems angesprochen. Wenn es in Art. 65 Satz 2 GG heißt, daß jeder Bundesminister innerhalb der durch den Bundeskanzler bestimmten Richtlinien der Politik sein Ressort selbständig und unter eigener Verantwortung leitet, wird damit zum Ausdruck gebracht, daß die parlamentarische Verantwortlichkeit der Exekutive über den parlamentarisch verantwortlichen Minister geltend gemacht wird. „Die Verantwortlichkeit des Ministers ist die Nahtstelle für die Kontrolle der Exekutive durch die Volksvertretung. Sie sichert, daß Regierung und Verwaltung gemäß der Verfassung und im Geist der Volksvertretung geführt werden[54]."

Das Bestehen dieser unmittelbaren Verantwortlichkeit der Bundesminister gegenüber dem Parlament wird in der Literatur allerdings zu Unrecht häufig geleugnet[55] und statt dessen eine Verantwortung der Minister lediglich gegenüber dem Bundeskanzler angenommen. Diese Meinung stützt sich im wesentlichen auf die politisch und verfassungsrechtlich hervorgehobene Stellung des Bundeskanzlers, den allein der Bundestag gemäß Art. 67 GG durch ein Mißtrauensvotum stürzen kann, während es nach dem Grundgesetz nicht mehr möglich ist, einen einzelnen Bundesminister aus der Regierung „herauszuschießen" und auch eine Ministeranklage nicht mehr vorgesehen ist. Dabei wird allerdings übersehen, daß die Geltendmachung der parlamentarischen Verantwortung durch ein Mißtrauensvotum kein Kriterium für ihr Be-

---

[51] Vgl. hierzu BVerfGE, Bd. 9, S. 282.
[52] Marschall v. Bieberstein, Die Verantwortlichkeit der Reichsminister, HDStR Bd. 1, § 45, S. 525.
[53] Böckenförde, Organisationsgewalt, S. 197 f.
[54] Böckenförde, Organisationsgewalt, S. 145.
[55] Maunz in Maunz-Dürig, Kommentar, Art. 65, Rdnr. 4; Giese-Schunck, Kommentar, Art. 65, Erl. II 8; Meder in Bonner Kommentar, Art. 65, Erl. II 6; v. Mangoldt, Kommentar, Art. 65, Anm. 4; Schmidt = Bleibtreu-Klein, Kommentar, Art. 65, Rdnr. 8; Münch, Bundesregierung, S. 221; Giese, Staatsrecht, S. 202; Koellreuther, Deutsches Staatsrecht, 1952, S. 206; Eschenburg, Die Richtlinien der Politik im Verfassungsrecht und der Verfassungswirklichkeit, DÖV 1954, S. 199; Schlochauer, Öffentliches Recht, 1957, S. 69; Scheuner, Das parlamentarische Regierungssystem in der Bundesrepublik Deutschland, DÖV 1957, S. 634.

B. Die Weiterführung der Geschäfte eines Bundesministers

stehen an sich ist[56], so daß aus dem Fehlen eines Mißtrauensvotums mit Abgangspflicht gegen einen Bundesminister nicht auf das Nichtvorhandensein der parlamentarischen Ministerverantwortlichkeit geschlossen werden kann. Vor allem aber berücksichtigt diese Meinung nicht, daß die parlamentarische Ministerverantwortlichkeit in jedem parlamentarischen Regierungssystem Bedingung und Kriterium der Ministerstellung überhaupt ist. Sie verneinen hieße, ihnen die Ministerstellung aberkennen und sie den weisungsgebundenen Staatssekretären gleichstellen, so daß der Bundeskanzler das einzige Regierungsmitglied mit parlamentarischer Verantwortlichkeit wäre. Dies widerspricht aber bei aller Hervorkehrung des Kanzlerprinzips dem Sinn des Grundgesetzes[57]. Durch das Fehlen einer dem Art. 59 WRV entsprechenden Ministeranklage, die auch nicht gegenüber dem Bundeskanzler vorgesehen ist, sowie durch das fehlende Mißtrauensvotum gegenüber dem Bundesminister, ist die parlamentarische Ministerverantwortlichkeit demnach nicht ausgeschlossen. Lediglich ihre Durchsetzbarkeit ist eingeschränkt worden. Im übrigen ist der Sturz eines Ministers jederzeit auch auf dem Umweg über den Kanzlersturz nach Art. 67 GG möglich, da nach Art. 69 Abs. 2 GG damit auch die Amtszeit sämtlicher Bundesminister automatisch endet. Daneben bietet das Grundgesetz, ergänzt durch die Geschäftsordnung des Bundestages und die Gemeinsame Geschäftsordnung der Bundesministerien eine Fülle von Möglichkeiten, die parlamentarische Ministerverantwortlichkeit zur Geltung zu bringen, nämlich in Gestalt von Auskunfts-, Informations- und Kontrollrechten, durch das Haushaltsbewilligungsrecht und einfache Mißbilligungsbeschlüsse[58].

Wird also die parlamentarische Kontrolle der Exekutive über den parlamentarisch verantwortlichen Ressortminister geltend gemacht, so folgt daraus, daß jedes Ministerium, sofern es nicht aufgelöst und sein Geschäftsbereich einem anderen eingegliedert wird, zu jeder Zeit einen parlamentarisch verantwortlichen Leiter haben muß. Demgemäß werden davon nicht die „Minister ohne Portefeuille" betroffen, die ledig-

---

[56] v. Wick, Die Verantwortung der Bundesminister, DÖV 1956, S. 114; Böckenförde, Organisationsgewalt, S. 145, Anm. 30.

[57] So Böckenförde, Organisationsgewalt, S. 146, Anm. 33; Friesenhahn, a.a.O., S. 58, Anm. 145; eine echte parlamentarische Verantwortlichkeit der Bundesminister bejahen außerdem v. Mangoldt-Klein, Kommentar, Art. 63, Anm. IV 4; Dürig in Maunz-Dürig, Art. 65 a, Rdnr. 15; Glum, Staatsoberhaupt und Regierungschef, Zeitschrift für Politik, Jahrgang 6 (1959), S. 306; Ule, Der Wehrbeauftragte des Bundestages, JZ 1957, S. 426; U. M., Mißbilligungsvoten gegen Bundesminister, AöR 76 (1950), S. 342; v. Wick, a.a.O., S. 113 f.; Kaja, Ministerialverfassung und Grundgesetz, AöR 89 (1964), S. 412, Fußnote 109; Schneider, Oskar, Die Ministerverantwortlichkeit in der Bundesrepublik Deutschland, Diss. jur. Würzburg 1959, S. 34.

[58] Näheres darüber im 3. Teil dieser Arbeit.

lich Kabinettsmitglieder sind, aber kein Ressort verwalten. Dazu gehören auch die „Sonderminister" oder „Minister für besondere Aufgaben", die Böckenförde[59] als die „zeitgemäße und der Regierungsstruktur des Grundgesetzes angemessene Erscheinungsform des ‚Ministers ohne Portefeuille'" kennzeichnet. Die Sonderminister müssen deshalb bei Beendigung ihrer Amtszeit nicht wieder, auch nicht vorübergehend, ersetzt werden. Doch gilt dies, um es nochmals zu präzisieren, nur, wenn der Sonderminister lediglich ein politisches Büro besitzt und keinen auch noch so eng umgrenzten sachlichen Geschäftsbereich, innerhalb dessen Gesetzesvollziehungsaufgaben wahrgenommen werden[60]. Entsprechend verfuhr die Staatspraxis. Von den vier Sonderministern, die der zweiten Regierung Adenauer angehörten, starb Dr. Tillmann am 12. 11. 1955, F. J. Strauß wurde am 20. 10. 1955 Bundesminister für Atomfragen, und die Bundesminister Kraft und Schäfer traten am 16. 10. 1956 zurück, ohne daß deren Aufgaben auch nur vorübergehend von anderen Ministern wahrgenommen wurden; vielmehr wurden deren Stellen überhaupt nicht mehr besetzt[61].

Aus dem Verbot der Vakanz im Amt eines Ressortministers folgt zwingend, daß Bundeskanzler oder Bundespräsident verpflichtet sind, für die Dauer einer solchen Vakanz einen Geschäftsführer zu bestellen. Doch kann diese Pflicht ganz oder teilweise entfallen, wenn an die Stelle des ausgeschiedenen Ministers ein anderer Träger der politischparlamentarischen Verantwortung tritt, wenn also für jeden Ressortminister ein Stellvertreter vorhanden ist, der nach dem Ausscheiden des Vertretenen automatisch in dessen Stellung einrückt und dessen Amtsgeschäfte verantwortlich weiterführt.

Die Stellvertretung eines Bundesministers ist in § 14 GeschO BReg geregelt. Danach wird ein verhinderter Bundesminister in der Regierung durch den dazu bestimmten Bundesminister, als Leiter einer obersten Bundesbehörde durch den Staatssekretär oder bei dessen Behinderung durch die dazu bestimmten Beamten seines Ministeriums vertreten. Indessen trifft § 14 GeschO BReg keine Regelung für den Fall des Ausscheidens eines Ministers nach dem Ende seiner Amtszeit, sondern setzt das weitere Vorhandensein eines Amtsinhabers voraus. Das folgt einmal aus dem Wortlaut des § 14 GeschO BReg, da die Amtsbeendigung begrifflich kein Fall der „Verhinderung"[62] ist, ergibt

---

[59] Organisationsgewalt, S. 222.
[60] In diesem Sinne hat Böckenförde, Organisationsgewalt, S. 225, im Anschluß an Köttgen, Bundesregierung und oberste Bundesbehörden, DÖV 1954, S. 6, die Grenze zwischen Sonderauftrag und Ressort umschrieben.
[61] v. Mangoldt-Klein, Kommentar, Art. 62, Anm. III 12.
[62] Vgl. dagegen den Wortlaut des Art. 57 GG, wonach die Befugnisse des Bundespräsidenten „im Falle seiner Verhinderung oder bei vorzeitiger Er-

B. Die Weiterführung der Geschäfte eines Bundesministers

sich zum anderen aber auch aus der Besonderheit der im folgenden zu erläuternden Regelung der Stellvertretung nach § 14 GeschO BReg.

Obwohl der parlamentarischen Verantwortlichkeit des Ministers nicht nur die staatsleitend-regierende Tätigkeit unterfällt, sondern auch die gesetzesausführend-verwaltende Tätigkeit[63] im Ressort, ist der Vertreter-Minister im Vertretungsfall nur für jene[64] berufen, während er von der Vertretung im Ressort ausdrücklich ausgeschlossen ist. Diese ist vielmehr dem beamteten Staatssekretär zugewiesen. Diese Regelung scheint inkonsequent, da der Staatssekretär auch im Normalfall nicht der verantwortliche Leiter des Ressorts sein kann und ist, der es „regiert"; denn aus Gründen der Verantwortlichkeit besitzt der Minister die alleinige Entscheidungs- und Leitungsgewalt auch innerhalb des „Hauses"[65]. Der beamtete Staatssekretär ist der „oberste administrative Gehilfe des Ministers"[66], der den Verwaltungsablauf lenkt und koordiniert, aber immer unter dem Minister[67]. Der beamtete permanente Staatssekretär, der nicht zugleich Mitglied des Parlaments sein darf, kann eben nicht selbst Träger der politisch-parlamentarischen Verantwortung sein. Darüber hinaus müßte es ein beamteter Staatssekretär auch ablehnen, derart in das parteipolitische Spannungsfeld hineingezogen und seiner Funktion als „naturale der Ministerialorganisation"[68] beraubt zu werden[69].

---

ledigung des Amtes" durch den Präsidenten des Bundesrates wahrgenommen werden.

[63] Zu diesen Begriffen vgl. v. Mangoldt-Klein, Kommentar, Vorbemerkung VII 2 zum VI. Abschnitt.

[64] Darunter fallen z. B. die Gegenzeichnung nach Art. 58 GG, der Erlaß einer Rechtsverordnung nach Art. 80 Abs. 1 Satz 1 GG, die Zuständigkeit des Bundesfinanzministers nach Art. 112 Satz 1 GG, das Einbringen und Begründen von Gesetzesvorlagen; vgl. v. Mangoldt-Klein, Kommentar, Vorbemerkung VII 3 a zum VI. Abschnitt.

[65] Böckenförde, Organisationsgewalt, S. 215 f.

[66] Eschenburg, Staat, S. 757.

[67] So zutreffend Böckenförde, Organisationsgewalt, S. 216.

[68] Böckenförde, Organisationsgewalt, S. 216.

[69] Damit ist gewiß nichts Neues gesagt, doch kann es nicht oft genug betont werden; in diesem Sinne auch Münch, Bundesregierung, S. 201; Böckenförde, Organisationsgewalt, S. 216; Eschenburg, Staat, S. 757 f.; vgl. auch den Hinweis von Böckenförde, Die Eingliederung der Streitkräfte in die demokratisch-parlamentarische Verfassungsordnung und die Vertretung des Bundesverteidigungsministers in der militärischen Befehlsgewalt (Befehls- und Kommandogewalt), Stellvertretung im Oberbefehl (Veröffentlichungen der Hochschule für Politische Wissenschaften München), München 1966, S. 56, daß es mit der Aufgabe eines Staatssekretärs nicht zu vereinbaren sei, wenn er zu einer hochpolitischen Figur werde. Anders ist die Lage natürlich, wenn der Staatssekretär vom Bundespräsidenten auf Vorschlag des Bundeskanzlers, wenn auch nur für kurze Zeit, zum Bundesminister ernannt wird, was aber nur unter gleichzeitigem Ausscheiden aus dem Beamtenverhältnis möglich ist; in diesem Sinne auch von der Heydte, Zur Problematik der Befehls- und Kommandogewalt nach Art. 65 a GG, in: Gedächtnisschrift Hans Peters, 1967, S. 531 f.

Gleichwohl läßt der Wortlaut keinen Zweifel daran, daß der Vertreter-Minister von der Vertretung in der Ressortleitung und damit folgerichtig auch von der Verantwortung für das Ressort ausgeschlossen ist. Eine andere Auslegung läßt die in § 14 GeschO BReg vorgenommene Aufspaltung der Vertretung nicht zu[70]. Dennoch ist diese Regelung — wenn auch wenig glücklich — verfassungskonform, solange sich der verhinderte Ressortminister noch im Amt befindet. Vertritt nämlich der Staatssekretär seinen Minister nach den ihm bekannten Intentionen oder Weisungen seines Ministers im Ministerium oder als Ressortchef — wenn auch ohne Stimmberechtigung — im Kabinett, im Bundestag, im Bundesrat und deren Ausschüssen[71], so ist er hierfür nur seinem vertretenen Minister verantwortlich. Die parlamentarische Verantwortung für das Tun und Unterlassen des Staatssekretärs sowie die Vorgänge im Ressort trägt dagegen der verhinderte Minister[72]. Soll das parlamentarische Prinzip nicht preisgegeben werden, darf der Staatssekretär seinen Minister nur unter dessen parlamentarischer Verantwortlichkeit vertreten. Es muß also immer ein für das Ressort verantwortlicher Minister vorhanden sein, wenn der Staatssekretär ihn vertritt. Ist der betreffende Minister aber ausgeschieden, ist insoweit eine Vertretung durch den Staatssekretär ausgeschlossen.

Aus dieser gegenständlichen Aufteilung der parlamentarischen Verantwortung im Vertretungsfall auf zwei Minister folgt somit zwingend, daß § 14 GeschO BReg nur für den Fall der Verhinderung eines Ministers, nicht aber auch für den Fall des Ausscheidens eines Bundesministers aus dem Amt eine verfassungskonforme Regelung trifft; § 14 GeschO BReg setzt immer noch einen amtierenden, wenn auch verhinderten Minister voraus. Der *Vertreter-Minister* ist echter Vertreter, aber *kein Ersatzmann*, schon gar nicht in der Ressortleitung.

An der Stellvertretungsregelung hat sich auch mit der Einführung der Parlamentarischen Staatssekretäre[73] nichts geändert; denn der in

---

[70] Der Stellvertreter tritt also keineswegs vollständig an die Stelle des Vertretenen mit der Folge, daß der Vertreter z. B. selbst Bundesminister für Verteidigung wird, wie Arndt, Wer kommandiert die Bundeswehr?, Leserbrief in: Die Zeit, Nr. 40 vom 6. 10. 1967, S. 30, meint.

[71] Dies ergibt sich aus den §§ 14 und 23 Abs. 2 GeschO BReg; vgl. auch Lechner-Hülshoff, Parlament und Regierung, § 23 GeschO BReg, Anm. 2; v. Mangoldt-Klein, Kommentar, Vorbemerkung VII 3 c zum VI. Abschnitt; Münch, Bundesregierung, S. 202.

[72] So auch Poetzsch-Heffter, Organisation und Geschäftsformen der Reichsregierung, Handbuch des Deutschen Staatsrechts, Bd. 1, § 44, S. 518, für die Weimarer Reichsverfassung.

[73] Vgl. das Gesetz über die Rechtsverhältnisse der Parlamentarischen Staatssekretäre vom 6. 4. 1967, BGBl. 1967, Teil I, Nr. 19, S. 396.

B. Die Weiterführung der Geschäfte eines Bundesministers

die Geschäftsordnung der Bundesregierung neu eingefügte § 14 a[74] regelt das Verhältnis zwischen dem Minister und seinem Parlamentarischen Staatssekretär dahingehend, daß „der Bundesminister, dem ein Parlamentarischer Staatssekretär beigegeben ist, bestimmt, welche Aufgaben der Parlamentarische Staatssekretär nach seiner Weisung wahrnehmen soll", erklärt aber ausdrücklich, daß § 14 unberührt bleibe. Ist der Parlamentarische Staatssekretär nach der Geschäftsordnung der Bundesregierung aber schon nicht bei Verhinderung des Ministers zu dessen Vertretung im Ressort berufen, so erst recht nicht bei Beendigung des Amtsverhältnisses seines zuständigen Ministers, da der Parlamentarische Staatssekretär nach § 6 Satz 3 des Gesetzes über die Rechtsverhältnisse der Parlamentarischen Staatssekretäre zugleich mit diesem Ereignis entlassen ist, ohne daß es in diesem Fall eines besonderen Entlassungsaktes bedarf[75].

Als Ergebnis ist festzuhalten, daß an der Spitze eines jeden Ressorts zu jeder Zeit ein parlamentarisch verantwortlicher Minister stehen muß und daß bei Beendigung der Amtszeit eines Ressortministers in jedem Fall ein geschäftsführender Minister bestellt werden muß.

In der Staatspraxis wird diese grundsätzliche Forderung vielfach nicht beachtet. Während bei einem Ministerwechsel, der sich innerhalb weniger Tage vollzieht, die Nichtbesetzung dieses Ministeramts nicht unbedingt zu beanstanden ist, ist die Vakanz im Amt eines Ressortministers, die sich über mehrere Wochen, ja Monate erstreckt, untragbar und stellt einen schweren Verstoß gegen das parlamentarische Prinzip dar. Die Praxis bietet hierfür einige besonders aus dem Rahmen fallende Beispiele: Für den am 12. 9. 1959 ausgeschiedenen Bundesminister für Ernährung, Landwirtschaft und Forsten, Heinrich Lübke, wurde erst am 30. 9. 1959 Werner Schwarz ernannt; anstelle des am 27. 2. 1960 verstorbenen Bundesschatzministers Dr. Hermann Lindrath wurde am 12. 4. 1960 Dr. Hans Wilhelmi als Nachfolger bestellt, und nach der Entlassung des Bundesministers für Vertriebene, Flüchtlinge und Kriegsgeschädigte, Dr. Dr. Theodor Oberländer, vergingen fast sechs Monate, bis Dr. Hans-Joachim v. Merkatz die Nachfolge antrat[76]. In allen diesen Fällen war kein Minister mit der Wahrnehmung der Geschäfte der ausgeschiedenen Minister beauftragt wor-

---

[74] Durch Änderung der GeschO BReg vom 15. 3. 1967, die mit dem Inkrafttreten des Gesetzes über die Rechtsverhältnisse der Parlamentarischen Staatssekretäre wirksam wurde; veröffentlicht im GMBl. 1967, S. 130.

[75] Vgl. auch Partsch, Politische Gehilfen, nicht Frühstücksbarone, Die Zeit, Nr. 6 vom 10. 2. 1967, S. 7, der betont, den Parlamentarischen Staatssekretären komme keine Verantwortung für irgendeinen noch so bescheidenen Sachbereich zu.

[76] Auskunft aus dem Bundeskanzleramt, vgl. auch die nicht ganz vollständigen Angaben bei v. Mangoldt-Klein, Kommentar, Art. 62, Anm. III 12.

den. Die Staatssekretäre führten während dieser Zeit das betreffende Ressort selbständig[77].

II. Die Weiterführung der Geschäfte durch den bisherigen Bundesminister

Ist die Amtszeit eines Bundesministers infolge der Erledigung des Amtes des Bundeskanzlers zu Ende gegangen oder hat ein Bundesminister seinen Rücktritt erklärt, kann der betreffende Minister nach Art. 69 Abs. 3 GG um die Weiterführung der Geschäfte ersucht werden.

1. Die Zuständigkeit für das Ersuchen an einen Minister

Anders als bei dem Ersuchen an den Bundeskanzler kann nach dem Wortlaut des Art. 69 Abs. 3 GG sowohl der Bundespräsident als auch der Bundeskanzler einen Minister ersuchen. Diese Regelung wäre nicht weiter problematisch, wenn der Bundespräsident dazu der Gegenzeichnung des Bundeskanzlers bedürfte, so daß ebenso wie bei der Ernennung und Entlassung der Bundesminister gem. Art. 64 GG der Bundespräsident nicht ohne Mitwirkung des Bundeskanzlers tätig werden könnte.

In Art. 58 Satz 2 GG ist das Ersuchen um Weiterführung der Geschäfte von dem Erfordernis der Gegenzeichnung allerdings ausdrücklich ausgenommen, so daß der Bundespräsident einen Bundesminister, den er auf Vorschlag des Bundeskanzlers entläßt, ohne dessen Mitwirkung, also sogar gegen dessen erklärten Willen, um die Weiterführung der Geschäfte ersuchen könnte. Art. 58 Satz 2 GG unterscheidet nämlich nicht zwischen dem Ersuchen an den Bundeskanzler und an einen Minister, sondern erklärt das Ersuchen generell für gegenzeichnungsfrei. Angesichts des eindeutigen Gesetzestextes kann Art. 58 Satz 2 GG nicht dahin interpretiert werden, daß sich die Gegenzeichnungsfreiheit nur auf das Ersuchen des Bundespräsidenten an den Bundeskanzler, nicht aber auch auf das Ersuchen an einen Bundesminister beziehe. Diese Auslegung ist aber vor allem deshalb nicht möglich, weil dadurch die in den Artikeln 58 Satz 2 und 69 Abs. 3 GG getroffene Regelung lückenhaft werden würde. Denn in dem Fall, daß wegen des Todes des Bundeskanzlers kein gegenzeichnungsfähiger Bundeskanzler zur Verfügung steht, wäre das an einen Minister gerichtete Ersuchen des Bundespräsidenten wegen der fehlenden Gegenzeichnung unwirksam und nicht vollziehbar. Das Problem der konkurrierenden Kompetenz des Bundeskanzlers und des Bundespräsiden-

---

[77] Auskunft aus dem Bundeskanzleramt und den oben genannten Ministerien.

B. Die Weiterführung der Geschäfte eines Bundesministers

ten nach Art. 69 Abs. 3 GG kann deshalb nicht über eine entsprechende Interpretation des Art. 58 Satz 2 GG gelöst werden.

Eine andere Lösungsmöglichkeit, nämlich eine einengende Auslegung des Art. 69 Abs. 3 GG, wird in der Literatur im Anschluß an Jellinek vertreten. Danach dürfe der Bundespräsident das Ersuchen nicht über den Kopf des Bundeskanzlers hinweg an einen Bundesminister richten, sondern nur dann, wenn kein Bundeskanzler vorhanden sei, da dem Bundespräsidenten sonst im Verhältnis zum Bundeskanzler Rechte zuständen, die ihm bei der Bildung der Regierung versagt seien[78]. Diese Interpretation schafft in der Tat eine wünschenswerte Klarheit, indem eine konkurrierende Kompetenz verneint wird und gegenläufige Entscheidungen von Bundespräsident und Bundeskanzler unmöglich werden. Fraglich bleibt indessen, ob diese Lösung sich noch im Rahmen zulässiger Verfassungsinterpretation bewegt; denn sie mutet auf den ersten Blick eher wie eine Korrektur am Verfassungstext an. Unter diesen Umständen ist zu untersuchen, ob die Entstehungsgeschichte dieser Vorschrift sowie die Stellung und der Kompetenzbereich dieser beiden Verfassungsorgane die von der herrschenden Meinung vertretene Auslegung rechtfertigen oder vielleicht sogar fordern.

Die jetzige Fassung des Art. 69 Abs. 3 GG taucht zum erstenmal in der Stellungnahme des Allgemeinen Redaktionsausschusses zur 3. Lesung des Hauptausschusses auf[79]. Sie wurde in der 4. Lesung vom Hauptausschuß und auch vom Plenum angenommen. Bis dahin hatte die Fassung des Herrenchiemseer Entwurfes, die ein Ersuchen an die Bundesminister nur durch den Bundeskanzler vorsah, alle Lesungen des Organisationsausschusses und des Hauptausschusses unverändert passiert. Aus welchen Gründen der Vorschlag des Allgemeinen Redaktionsausschusses Eingang in das Grundgesetz fand, läßt sich nicht ermitteln, da die letzte Abstimmung hierüber im Hauptausschuß und auch im Plenum ohne jede Aussprache stattfand. Unklar bleibt aber auch, was den Allgemeinen Redaktionsausschuß zu seinem Vorschlag bewog; denn die Beratungen des Allgemeinen Redaktionsausschusses

---

[78] Vgl. Jellinek, Gesetzgebungsnotstand, S. 13; zustimmend v. Mangoldt, Kommentar, Art. 69, Anm. 4; Menzel in Bonner Kommentar, Art. 58, Erl. II 4 a; Roß, a.a.O., S. 442; Klemmert, a.a.O., S. 134; Müller, a.a.O., S. 102 f.; ähnlich, aber sehr vage auch Münch, Bundesregierung, S. 193, unter Zustimmung von v. Mangoldt-Klein, Kommentar, Art. 69, Anm. V 3, der nach Erwägung eines Redaktionsversehens sich dafür ausspricht, daß der Bundespräsident den Bundeskanzler und dieser die Bundesminister um die Weiterführung der Geschäfte zu ersuchen habe. A. A. Maunz in Maunz-Dürig, Kommentar, Art. 69, Rdnr. 7; Kerschbaumer, a.a.O., S. 103; Herkner, Die staatsrechtliche Stellung der Bundesregierung und der deutschen Länderregierungen, Diss. jur. Tübingen 1959, S. 60, ohne Begründung.

[79] Drucksache Nr. 751 vom 2. 5. 1949.

wurden nicht protokolliert[80]; es fehlen aber auch die statt dessen den Neufassungen meistens beigefügten kritischen begründenden Anmerkungen, die Aufschluß hätten geben können. Es bleibt nur zu vermuten, daß der Allgemeine Redaktionsausschuß die Lücke schließen wollte, die dann entstand, wenn der für das Ersuchen an die Bundesminister allein zuständige Kanzler starb, dabei aber übersah, daß der dafür eingeschaltete Bundespräsident nun neben einen noch amtierenden Bundeskanzler treten, ja ihm wegen des fehlenden Gegenzeichnungserfordernisses sogar entgegenwirken könnte[81]. Indessen liefe eine lediglich auf diese Vermutung gestützte Argumentation auf eine reine Spekulation hinaus.

Dagegen steht diese Auslegung mit dem System des Grundgesetzes im Einklang, das den Bundespräsidenten zugunsten des Parlaments und des Bundeskanzlers aller wichtigen und einflußreichen Kompetenzen hinsichtlich der Einsetzung und Abberufung der Regierung beraubt und ihm überwiegend repräsentative Aufgaben zugewiesen hat. Besonders dadurch, daß der Kanzler im Gegensatz zur Weimarer Reichsverfassung nunmehr vom Parlament gewählt und nicht mehr allein vom Präsidenten bestimmt wird, hat das Grundgesetz den Bundeskanzler vom Bundespräsidenten vollends weitgehend unabhängig gemacht und damit die Voraussetzung geschaffen, daß sich der Bundeskanzler seine Regierung bildet. Da ungeachtet des Mitspracherechts des Bundespräsidenten bei der Ernennung nur derjenige zum Bundesminister ernannt werden kann, den der Bundeskanzler nach Art. 64 GG vorgeschlagen hat, würde das materielle Kabinettsbildungsrecht des Kanzlers durchbrochen, wenn der Bundespräsident auf dem Wege über Art. 69 Abs. 3 GG dem Kanzler, wenn auch nur für eine Übergangszeit, einen diesem nicht genehmen Minister aufzwingen könnte, indem er einen Minister um die Weiterführung der Geschäfte ersucht, von dem sich der Kanzler sofort trennen will[82]. Es ist aber kein vernünftiger Grund ersichtlich, der es rechtfertigt oder gar gebietet, von der verfassungsrechtlichen Grundentscheidung zugunsten eines starken Kanzlers und zuungunsten eines Bundespräsidenten, dem alle wesentlichen Einflußrechte auf Bildung und Bestand der Bundesregierung genommen sind, im Falle des Ersuchens um Weiterführung der Geschäfte abzukehren. Zudem darf nicht übersehen werden, daß Art. 69 Abs. 3 GG nicht danach differenziert, ob ein einzelner Bundesminister zurückgetreten ist oder entlassen wurde oder ob die Amtszeit sämt-

---

[80] Vgl. die Bemerkungen über die Arbeitsweise des Parlamentarischen Rats und seiner Ausschüsse bei v. Doemming-Füßlein-Matz, Entstehungsgeschichte der Artikel des Grundgesetzes, JöR N. F. 1, S. 10.
[81] Vgl. Münch, Bundesregierung, S. 193.
[82] So richtig Menzel in Bonner Kommentar, Art. 58, Erl. II 4 a.

licher Bundesminister auf Grund des Zusammentritts eines neuen Bundestages oder infolge des Rücktritts oder des Todes des Bundeskanzlers zu Ende gegangen ist. In keinem dieser Fälle liegt eine Krisensituation vor, die es angezeigt erscheinen läßt, die Stellung des Kanzlers systemwidrig zu schwächen und den Bundespräsidenten zeitweilig zum Herrn über die Zusammensetzung des Kabinetts werden zu lassen. In jedem Fall ist ein Bundeskanzler vorhanden, der einen ausgeschiedenen Minister oder das gesamte Kabinett um die Weiterführung der Geschäfte ersuchen kann, im ersten der oben angeführten Fälle sogar mit einem fast vollzähligen Kabinett, in allen übrigen Fällen der vom Bundespräsidenten pflichtgemäß ersuchte oder außerordentlich ernannte geschäftsführende Bundeskanzler. Auch ein geschäftsführender Kanzler ist Bundeskanzler i. S. des Art. 69 Abs. 3 GG[83] und besitzt, wie unten im einzelnen noch nachgewiesen wird, von wenigen Ausnahmen abgesehen, sämtliche Rechte und Pflichten eines vom Parlament legitimierten Kanzlers und ist dem Parlament gegenüber verantwortlich. Es besteht demnach weder ein sachliches Bedürfnis noch ein verfassungsrechtliches Gebot, dem Bundespräsidenten das Recht einzuräumen, die Person eines Bundesministers zu bestimmen, solange ein Bundeskanzler, auch ein nur geschäftsführender, vorhanden ist[84].

Die parlamentarische Verantwortlichkeit des Kanzlers und sein politischer Ruf, den er aufs Spiel setzt, wenn er mit einem ihm nicht genehmen, ihm vom Bundespräsidenten aufgezwungenen Kabinett regieren muß, erheischen nicht zuletzt ebenfalls, daß Art. 69 Abs. 3 GG in der von der herrschenden Meinung geforderten Weise einengend ausgelegt wird, daß nämlich der geschäftsführende Bundeskanzler sich das Kabinett nach seinen Vorstellungen erhält. Seiner Absicht darf ein Ersuchen des Bundespräsidenten weder zuvorkommen noch zuwiderlaufen. Art. 69 Abs. 3 GG bringt folgerichtig eine „gewisse Parallele zu dem Recht des Regierungschefs, sich seine Regierung zu bilden"[85]. Der Bundespräsident ist somit nur dann befugt, Bundesminister um die Weiterführung der Geschäfte zu ersuchen, wenn kein

---

[83] So zutreffend Roß, a.a.O., S. 442.
[84] A. A. Müller, a.a.O., S. 103, der aus der Formulierung des Art. 69 Abs. 3 GG zu Unrecht folgert, daß der geschäftsführende Bundeskanzler nicht berechtigt sei, das Ersuchen um Weiterführung der Geschäfte an die Minister auszusprechen; zu unbestimmt auch Münch, Die Bundesregierung, S. 192 f., der diese Befugnis einem geschäftsführenden Bundeskanzler zwar zubilligt, gleichzeitig aber weiterfährt: „Obwohl er (der geschäftsführende Bundeskanzler) nach außen alle Befugnisse seines Amtes behält, könnte sich eine Schwäche seiner Stellung doch darin zeigen, daß der Präsident stärkeren Einfluß auf die Zusammensetzung der geschäftsführenden Regierung nimmt."
[85] Vgl. Roß, a.a.O., S. 444.

Bundeskanzler vorhanden ist, d. h. wenn das Ersuchen an den bisherigen Bundeskanzler oder die außerordentliche Ernennung eines geschäftsführenden Bundeskanzlers sich aus einem Grund, der nicht auf der pflichtwidrigen Untätigkeit des Bundespräsidenten beruht, verzögert. In diesem Fall darf und muß der Präsident die bisherigen Bundesminister um die Weiterführung der Geschäfte ersuchen, damit wenigstens der Lauf der Geschäfte in den einzelnen Ministerien unter verantwortlicher ministerieller Führung gesichert ist.

Wenn Maunz[86] sich gegen diese Lösung ausspricht und meint, der Bundespräsident könne durch sein Ersuchen dem Kanzler nicht einen diesem nicht genehmen Minister aufzwingen, weil der Kanzler dem Bundespräsidenten jederzeit einen Nachfolger vorschlagen könne, den der Präsident zu ernennen habe, berücksichtigt er weder die prinzipielle Seite noch den Umstand, daß es unter Umständen längere Zeit dauert, bis der Bundeskanzler für einen ausgeschiedenen Minister einen geeigneten Nachfolger gefunden hat, den der Bundespräsident zu ernennen bereit ist. Maunz übersieht aber vor allen Dingen, daß der Kanzler ein seinen Intentionen zuwiderlaufendes Ersuchen auf diese Weise nur so lange durchkreuzen könnte, als er das Vorschlagsrecht nach Art. 64 Abs. 1 GG besitzt. Amtiert der Kanzler aber nach seinem Rücktritt oder dem Zusammentritt eines neuen Bundestages nur noch geschäftsführend, kann er keine neuen Kandidaten zur Ernennung vorschlagen; es tritt wegen des interimistischen Charakters der Geschäftsregierung insoweit eine Erstarrung ein[87]. Er muß also wenigstens über Art. 69 Abs. 3 GG eine Einwirkungsmöglichkeit auf die Zusammensetzung des Kabinetts haben, indem er entscheidet, welchen Minister er um die Weiterführung der Geschäfte ersucht und ob oder wann er das Ersuchen gegebenenfalls zurücknimmt[88].

Auch Kerschbaumer, der für eine Kompetenz des Bundespräsidenten eintritt, selbst wenn sich ein geschäftsführender Bundeskanzler im Amt befindet, verkennt das eigentliche Problem, das sich aus der konkurrierenden Kompetenz von Kanzler und Präsident ergibt. Zudem argumentiert er von dem anomalen Fall aus, daß der Bundeskanzler einem Ersuchen des Präsidenten zwar nachkommen, sich dann aber pflichtwidrig weigern könne, die Minister zu ersuchen. Diese theoretische Möglichkeit kann für sich allein nicht zur Durchbrechung der in den Grundsätzen auch auf die Bildung der Geschäftsregierung fortwirkenden allgemeinen Regierungsbildungsprinzipien führen. Eine solche Verfassungsinterpretation, die allein einer drohenden Obstruk-

---

[86] In Maunz-Dürig, Kommentar, Art. 69, Rdnr. 7.
[87] Darüber ausführlich im 3. Teil dieser Arbeit.
[88] Vgl. auch Münch, Bundesregierung, S. 193, der es als zulässig ansieht, das Ersuchen zu widerrufen.

B. Die Weiterführung der Geschäfte eines Bundesministers

tion der obersten Verfassungsorgane Rechnung zu tragen sucht, würde zur Auflösung jeder verfassungsrechtlichen Dogmatik führen.

Wollte man Art. 69 Abs. 3 GG nicht im Sinne der herrschenden Meinung auslegen, bliebe im übrigen unverständlich, warum beim Ersuchen um Weiterführung der Geschäfte der Bundeskanzler überhaupt eingeschaltet wurde; denn der Zweck dieser Bestimmung, bei einer Vakanz im Amt des Bundeskanzlers oder der Minister ein Lahmliegen der Staatsgeschäfte zu verhindern, wäre auch dann erreicht, wenn allein der Bundespräsident sowohl für das Ersuchen an den Kanzler als auch an die Minister zuständig wäre. Die hier vertretene Lösung, daß der Bundeskanzler bei der Bestimmung der geschäftsführenden Minister eine Vorrangstellung einnimmt, wird schließlich auch im Wortlaut des Art. 69 Abs. 3 GG angedeutet; entgegen dem Protokoll — anders Art. 39 Abs. 3 Satz 3 GG — ist hier nämlich zuerst der Bundeskanzler und dann erst der Bundespräsident genannt[89].

Legt man Art. 69 Abs. 3 GG systemgerecht aus, dann steht auch Art. 58 Satz 2 GG nicht im Widerspruch zu dieser Vorschrift. Daß das Ersuchen an den Bundeskanzler gegenzeichnungsfrei ist, ist folgerichtig, da es ohnehin nur dann in Betracht kommt, wenn der Bundeskanzler die Berechtigung zur Amtsführung verloren hat, in diesem Zeitpunkt also gar nicht mehr gegenzeichnungsfähig ist. Ist ein Bundeskanzler vorhanden, so richtet er das Ersuchen an die Minister; ein Gegenzeichnungsproblem entsteht in diesem Falle überhaupt nicht. Befindet sich aber gerade kein Bundeskanzler, auch kein geschäftsführender, im Amt, so daß es nun dem Bundespräsidenten obliegt, die Minister um die Weiterführung der Geschäfte zu ersuchen, ist eine Gegenzeichnung gar nicht möglich.

Verfolgt man die bisherige Staatspraxis, so scheint es, als ob die hier vertretene, mit der überwiegenden Meinung in der Literatur übereinstimmende Auffassung auch dort vorherrsche. Beim Zusammentritt eines neuen Bundestages in den Jahren 1953, 1957, 1961 und 1965 hat der Bundespräsident in jedem Falle lediglich den Bundeskanzler um die Weiterführung der Geschäfte ersucht, während das Ersuchen um Weiterführung der Geschäfte an die Bundesminister von dem geschäftsführenden Bundeskanzler ausging. Diese bisher einheitliche Praxis täuscht allerdings über die zwischen Bundeskanzler und Bundespräsident tatsächlich bestehende Meinungsverschiedenheit hinweg. So beabsichtigte der Bundespräsident bereits beim Zusammentritt des zweiten Bundestages im Jahre 1953, als das in Art. 69 Abs. 3

---

[89] Die Reihenfolge der Nennung von Kanzler und Präsident vermag diese Lösung für sich allein allerdings nicht zu rechtfertigen; so aber Roß, a.a.O., S. 442.

GG geregelte Ersuchen zum erstenmal praktisch wurde, nicht nur den Bundeskanzler, sondern auch die Bundesminister um die Weiterführung der Geschäfte zu ersuchen, nahm aber wegen des sehr energischen Widerspruchs des Bundeskanzlers, der dieses Recht für sich beanspruchte, davon Abstand. Dieser Kompetenzstreit war damit aber noch nicht beigelegt, sondern er wiederholte sich auch in den folgenden Jahren bei jedem Parlamentswechsel erneut. Er wurde in der Öffentlichkeit nur deshalb kaum bekannt, weil der Bundespräsident jeweils nachgab[90].

2. Die Pflicht zum Ersuchen der Minister um Weiterführung der Geschäfte

Es ist oben[91] nachgewiesen worden, daß im parlamentarischen Regierungssystem des Grundgesetzes jedes Ressort zu jeder Zeit von einem parlamentarisch verantwortlichen Minister geleitet werden muß. Daraus folgt aber nicht zwingend, daß der Bundeskanzler sämtliche Minister um die Weiterführung der Geschäfte ersuchen muß; denn beim endgültigen Ausscheiden von einigen oder nur wenigen Ministern sind noch genügend Kabinettsmitglieder vorhanden, denen diese Aufgaben übertragen werden können[92]. Der Bundeskanzler ist deshalb nur dann verpflichtet, den bisherigen Amtsinhaber gem. Art. 69 Abs. 3 GG um die Weiterführung der Geschäfte zu ersuchen, wenn sich kein anderer geeigneter Minister findet, der bereit ist, den Geschäftsbereich des Ausgeschiedenen mitzuverwalten. Er muß aber jedenfalls so viele Minister im Amt halten, daß für den einzelnen das Tragen der parlamentarischen Verantwortung noch sinnvoll möglich ist[93].

III. Die Fortführung der Geschäfte eines Bundesministers durch eine andere Person

Tatsächliche, rechtliche und politische Gründe können dafür ausschlaggebend sein, daß ein Ersuchen an den bisherigen Amtsinhaber ausscheidet. Da aber jedes Ressort stets einen parlamentarisch verantwortlichen Leiter haben muß, ist zu prüfen, welche Person für die Übernahme der Geschäftsführung des ausgeschiedenen Bundesministers in Betracht kommt und auf welche Weise und von wem dieser Geschäftsführer bestellt wird.

---

[90] Auskunft aus dem Bundeskanzleramt.
[91] Unter B I.
[92] Näheres darüber im nächsten Abschnitt.
[93] In diesem Sinne hat Böckenförde, Organisationsgewalt, S. 196, die Mindestgröße eines Kabinetts bestimmt.

B. Die Weiterführung der Geschäfte eines Bundesministers

1. Die Bestellung eines Geschäftsführers nach Art. 69 Abs. 3 GG

Es ist oben[94] nachgewiesen worden, daß bei einer Vakanz im Amt des Bundeskanzlers allein der bisherige Amtsinhaber durch ein Ersuchen verpflichtet werden kann, die Amtsgeschäfte weiterzuführen, weil nur dieser das fortzuführende Amt ursprünglich auf Grund eines verfassungsmäßigen Bestellungsaktes und freiwillig übernommen hatte. Eine solche enge Auslegung des Art. 69 Abs. 3 GG scheint auf den ersten Blick bei einem Ersuchen an einen Minister, die Geschäfte eines *anderen* Ministers fortzuführen, nicht geboten zu sein; denn der zu Ersuchende ist bereits im Besitz der verfassungsrechtlichen Legitimation als Bundesminister oder hatte sie im Falle des Art. 69 Abs. 2 GG bisher besessen. Außerdem ist zu berücksichtigen, daß die Innehabung eines bestimmten Ressorts, ja eines Ressorts überhaupt, kein Kriterium der Ministerstellung ist[95]. Eine extensive Auslegung scheitert aber an dem bereits oben erwähnten Prinzip der Freiwilligkeit der Übernahme politischer Ämter. Danach kann niemand gezwungen werden, gegen seinen Willen politische Verantwortung zu tragen. Nun macht zwar gerade Art. 69 Abs. 3 GG von diesem Grundsatz eine Ausnahme, verpflichtet den Kanzler oder die Minister aber nur zur Weiterführung desjenigen Amtes, das sie vorher freiwillig übernommen hatten. Verpflichtet man einen Minister durch ein Ersuchen noch mit der Führung der Geschäfte eines anderen Ministers, so ändert sich zwar an der parlamentarischen Ministerverantwortung als solcher nichts, sie wäre aber sachlich-gegenständlich nicht mehr die ursprünglich übernommene und innegehabte. Der Ersuchte müßte die Verantwortung für ein Ressort übernehmen, das er bisher nicht verwaltet hatte, zu dessen Übernahme er bei seiner Ernennung zum Minister unter Umständen gar nicht bereit gewesen wäre[96].

Wegen der dem Ersuchen korrespondierenden Pflicht des Ersuchten zur Weiterführung der Geschäfte ist das Ersuchen demnach nur dann

---

[94] Unter A II 2.

[95] Deshalb wird auch die Ernennung eines Ministers ohne Portefeuille allgemein für zulässig gehalten; vgl. Nawiasky, Grundgedanken, S. 93; Münch, Bundesregierung, S. 197; Köttgen, Der Einfluß des Bundes auf die deutsche Verwaltung und die Organisation der bundeseigenen Verwaltung, JöR N. F. 11 (1962), S. 259; v. Mangoldt-Klein, Kommentar, Art. 62, Anm. III 6 b; Meder in Bonner Kommentar, Art. 62, Erl. II 2 a; Böckenförde, Organisationsgewalt, S. 223.

[96] Das wird besonders deutlich, wenn es sich um ein Ministerium handelt, in dem es besonders unpopuläre politische Zielsetzungen zu verwirklichen gilt, die in der Öffentlichkeit allgemein abgelehnt werden, die für den Ressortminister kraft der Richtlinienkompetenz des Bundeskanzlers aber verbindlich sind; schließlich ist es sein politischer Ruf, der dabei auf dem Spiel steht.

zulässig und verbindlich, wenn es an den Minister gerichtet ist, der das fortzuführende Amt bisher innegehabt hatte. An einen anderen als den bisherigen Bundesminister kann das Ersuchen dagegen nicht gerichtet werden[97]. Geschieht dies gleichwohl, hat das Ersuchen keine verpflichtende Wirkung[98].

Damit ist zugleich die in der Literatur überwiegend vertretene Auffassung widerlegt, der Bundeskanzler oder der Bundespräsident könnten auch andere Bundesminister, ja sogar Staatssekretäre ersuchen[99]. Insbesondere läßt sich wegen einer behaupteten, aber nicht bewiesenen Notwendigkeit zur extensiven Auslegung des Art. 69 Abs. 3 GG nicht das Prinzip der Freiwilligkeit der Übernahme politischer Ämter in sein Gegenteil verkehren.

Soweit eine Geschäftsführung durch einen Staatssekretär in Rede steht, wenn auch analog § 14 GeschO BReg nur im Ministerium[100], ergibt sich die Unzulässigkeit eines Ersuchens schon daraus, daß sowohl die permanenten als auch die parlamentarischen Staatssekretäre nicht Mitglieder der Regierung sind und deshalb auch nicht selbständig ein Ressort verwalten dürfen[101]. Deswegen scheitert auch der Versuch v. Mangoldts, das Ersuchen an Staatssekretäre unter dem Hinweis auf die „entsprechende Staatspraxis unter der WRV" zu rechtfertigen. Im übrigen war auch unter der Weimarer Reichsverfassung die sich auf § 16 Abs. 3 GeschO RReg stützende Auffassung, wonach selbst gegenzeichnen kann, „wer vom Reichspräsidenten mit der Wahrnehmung der Geschäfte eines Reichsministers beauftragt ist", nicht unbestritten[102].

---

[97] Vgl. v. Mangoldt-Klein, Kommentar, Art. 69, Anm. V 7 a.
[98] Vgl. auch oben S. 41.
[99] So Nawiasky, Grundgedanken, S. 110; v. Mangoldt, Kommentar, Art. 69, Anm. 4; Meder in Bonner Kommentar, Art. 69, Erl. II 3; Maunz in Maunz-Dürig, Kommentar, Art. 69, Rdnr. 6; Münch, Bundesregierung, S. 194; Steinbrenner, a.a.O., S. 161; Laufkötter, a.a.O., S. 118; Wasser, a.a.O., S. 42; Janssen, a.a.O., S. 109, und Schmidt = Bleibtreu-Klein, Kommentar, Art. 64, Rdnr. 9, unter irrtümlicher Berufung auf v. Mangoldt-Klein, Kommentar, S. 1323 f., wo diese Auffassung ausdrücklich abgelehnt wird.
[100] In diesem Sinne Münch, Bundesregierung, S. 194; ihm zustimmend Maunz in Maunz-Dürig, Kommentar, Art. 69, Rdnr. 6; ebenso auch Amphoux, a.a.O., S. 151.
[101] Vgl. auch oben S. 50.
[102] Marschall v. Bieberstein, a.a.O., S. 525, bezeichnete diese Auffassung als „nicht bedenkenfrei"; Zinkeisen, Die Geschäftsordnung der Reichsregierung in ihrem Verhältnis zur Verfassung, Diss. jur. Hamburg 1929, S. 35, erklärte § 16 Abs. 3 GeschO RReg sowie die auf Grund dieser Vorschrift erfolgte Beauftragung des Staatssekretärs Joel mit der Wahrnehmung der Geschäfte des Reichsjustizministers für verfassungswidrig; Joel führte dessen Geschäfte vom 3. April 1924 bis 15. Januar 1925, wobei er auch selbst gegenzeichnete. Vgl. auch Lammers, Die Geschäftsordnung der Reichsregierung, Staats- und Selbstverwaltung, 1924, S. 382: „Ein selbständiger Chef eines Ministeriums, der nicht Reichsminister ist, aber die vollen Befugnisse eines solchen ausübt, und trotzdem keine parlamentarische Verantwortlichkeit trägt, ist verfassungsrechtlich nicht möglich".

B. Die Weiterführung der Geschäfte eines Bundesministers

Die selbständige Führung der Geschäfte eines Ministers durch einen Staatssekretär ist jedenfalls nach dem Grundgesetz nur zulässig, wenn der Bundespräsident den Staatssekretär auf Grund eines Vorschlags des Bundeskanzlers zum Bundesminister ernannt hat[103]. Das gleiche gilt für jede andere nicht der Regierung angehörende Person; eine andere Regelung verstieße gegen das parlamentarische Regierungssystem des Grundgesetzes. Demnach ist nicht nur das Ersuchen nach Art. 69 Abs. 3 GG an einen *anderen* als den bisherigen Minister, sondern *jede* Beauftragung einer anderen Person als eines bereits ernannten Bundesministers mit der Fortführung der Geschäfte eines Ministers ausnahmslos unzulässig.

2. Die Bestellung eines Geschäftsführers außerhalb des Art. 69 Abs. 3 GG

Nachdem sich gezeigt hat, daß nach Art. 69 Abs. 3 GG nur die bisherigen Amtsinhaber zur Weiterführung ihrer Geschäfte verpflichtet werden können, bleibt weiterhin die Frage offen, auf welche Weise und durch welche Person die Geschäfte eines Ressortministers, an den aus tatsächlichen oder rechtlichen Gründen kein Ersuchen mehr gerichtet werden kann, weitergeführt werden. Das Grundgesetz und die Geschäftsordnung der Bundesregierung geben hierauf keine Antwort. Es ist aber auch ohne eine ausdrückliche Normierung als zulässig anzusehen, daß die Geschäfte des aus einem ordentlichen oder geschäftsführenden Kabinett ausgeschiedenen Ministers auf ein anderes Regierungsmitglied übertragen werden, daß ein Minister „mit der Wahrnehmung der Geschäfte (eines bestimmten Ministers) beauftragt" wird[104].

Während unter der Geltung der Weimarer Reichsverfassung eine solche Beauftragung vom Reichspräsidenten ausging, kommt diese Befugnis unter der Geltung des Grundgesetzes dem Bundeskanzler zu; denn sie ist Ausfluß der Organisationsgewalt, die nach Art. 86 Satz 2 GG der Bundesregierung als Gesamtorgan und, soweit es sich um die Organisationsbefugnis für die Errichtung und Kompetenzabgrenzung der Ministerien handelt, dem Bundeskanzler sowohl nach § 9 Satz 1 GeschO BReg als auch unmittelbar kraft seiner verfassungsrechtlichen Stellung und Funktion innerhalb der Regierung zusteht[105]. Danach hat

---

[103] Ähnlich Marschall v. Bieberstein, a.a.O., S. 525, für die Weimarer Reichsverfassung.
[104] Vgl. § 37 Abs. 4 und 5 GGO I; mit diesem Zusatz zeichnet ein Minister, der die Geschäfte eines anderen führt, während ein nach Art. 69 Abs. 3 GG ersuchter Minister ohne einen besonderen Zusatz zeichnet.
[105] Eingehend hierzu Böckenförde, Organisationsgewalt, insbesondere S. 129 ff. und S. 141.

der Bundeskanzler das Recht, neue Ministerien zu errichten, bestehende zusammenzulegen oder aufzuheben, soweit sie nicht verfassungsmäßig garantiert sind. Kann der Bundeskanzler aber bestehende Ministerien zusammenlegen, ohne daß er dazu der Mitwirkung anderer Verfassungsorgane bedarf, so ist er auch befugt, einem ordentlichen oder geschäftsführenden Bundesminister die Führung der Geschäfte eines anderen Ressorts vorübergehend zu übertragen.

Bei einer solchen Übertragung der Geschäftsführung handelt es sich nämlich nicht um einen Akt der Amtswalter-Ernennung, der allerdings nicht ohne Mitwirkung des Bundespräsidenten vorgenommen werden könnte, sondern um die zeitweise Erweiterung des Geschäftsbereichs eines Ministers. Soll ein Minister für eine Übergangszeit zusätzlich ein weiteres Ministerium mitverwalten, so ist eine erneute Ernennung deshalb nicht erforderlich, weil für das Tragen der parlamentarischen Verantwortung die Ministerstellung allein entscheidend ist, nicht aber die Innehabung eines bestimmten Ressorts. Zwar werden die Minister regelmäßig zu Ministern eines bestimmten Geschäftszweiges ernannt; dies ist aber nicht zwingend vorgeschrieben, weil nach § 2 Abs. 3 BMinG die Angabe des Geschäftszweiges in der Urkunde nur eine Sollbestimmung ist. Demgemäß bedarf es auch nicht einer erneuten Ernennung, wenn ein Minister ein weiteres Ressort mitübernimmt[106].

In der Literatur wird dieses Ergebnis mit dieser Begründung, soweit ersichtlich, nicht vertreten. Ansätze hierzu finden sich lediglich bei Schmidt = Bleibtreu-Klein[107], die mit der dem Bundeskanzler zustehenden Befugnis zur Errichtung und Kompetenzabgrenzung von Ministerien eine analoge Anwendung des Art. 69 Abs. 3 GG für das Ersuchen an einen anderen Minister zu begründen versuchen. Das Ersuchen um Weiterführung der Geschäfte hat aber mit dem hier in Rede stehenden, sich aus der Organisationsgewalt ergebenden Recht zur Beauftragung eines Ministers mit der Wahrnehmung der Geschäfte eines anderen Ministers, wiewohl das Ergebnis praktisch dasselbe ist, rechtlich nichts gemein. Hier geht es darum, den Geschäftsbereich eines Ministers, der nach Art. 64 oder Art. 69 Abs. 3 GG legitimiert ist, durch Übertragung der Geschäfte eines anderen Ministers zeitweise zu erweitern. Bei Art. 69 Abs. 3 GG geht es allein darum, einen Minister, der die Berechtigung und Verpflichtung zur weiteren Amtsführung

---

[106] Unzutreffend deshalb v. Mangoldt-Klein, Kommentar, Art. 69, Anm. V 7 a, wonach jede Bestellung eines geschäftsführenden Ministers durch den Bundeskanzler außerhalb des Art. 69 Abs. 3 GG einen Verstoß gegen Art. 64 GG darstelle und unzulässig sei, weil sonst der Bundeskanzler geschäftsführende Bundesminister ernenne, die Ernennung von Ministern aber nach Art. 64 GG Sache des Bundespräsidenten sei.

[107] Kommentar, Art. 62, Rdnr. 9 und Art. 64, Rdnr. 9.

B. Die Weiterführung der Geschäfte eines Bundesministers

durch Rücktritt, Entlassung oder Amtsbeendigung nach Art. 69 Abs. 2 GG verloren hat, wieder als Minister zu legitimieren. Ein weiterer Unterschied liegt darin, daß ein nach Art. 69 Abs. 3 GG ersuchter Minister zur Weiterführung der Geschäfte verpflichtet ist, während einen Minister, der zusätzlich mit der Leitung eines Ressorts betraut werden soll, eine solche Pflicht nicht trifft, weil damit eine erhebliche, mit dem Prinzip der Freiwilligkeit der Übernahme politischer Ämter nicht vereinbare Erweiterung und sachlich-gegenständliche Änderung der parlamentarischen Verantwortlichkeit verbunden wäre.

Der Fall, daß bei der Amtsbeendigung eines Ministers ein anderer Minister mit der vorübergehenden Wahrnehmung der Geschäfte beauftragt wurde, ist in der Praxis bisher nur in den Jahren 1952 und 1966 vorgekommen.

Nach dem Tod des Bundesministers Eberhard Wildermuth am 8. 3. 1952 teilte Bundeskanzler Dr. Adenauer dem Bundespräsidenten mit Schreiben vom 14. 3. 1952 mit, daß er Bundesminister Blücher mit der Weiterführung der Geschäfte des Verstorbenen beauftragt habe. Blücher führte die Geschäfte bis zum Amtsantritt des für den Verstorbenen ernannten Bundesministers Fritz Neumayer am 15. 7. 1952[108].

Der zweite und letzte Fall ereignete sich im Herbst 1966[109]. Am 27. Oktober erklärten die der Regierungskoalition angehörenden Minister der FDP, nämlich der Bundesminister für Gesamtdeutsche Fragen Dr. Mende, der Bundesminister für Wohnungswesen und Städtebau Dr. Bucher, der Bundesfinanzminister Dr. Dahlgrün und der Bundesminister für Wirtschaftliche Zusammenarbeit Walter Scheel ihren Rücktritt. Entgegen der bisherigen Praxis sah Bundeskanzler Erhard davon ab, die ausscheidenden Minister um die Weiterführung der Geschäfte zu ersuchen. An demselben Tag noch bat der Bundeskanzler den Bundespräsidenten, die Entlassungen zu verfügen, und beauftragte Minister der CDU/CSU, neben ihren Ressorts die Geschäfte der freigewordenen Ministerien vorübergehend wahrzunehmen: Wirtschaftsminister Schmücker für das Finanzressort, Familienminister Bruno Heck für Wohnungswesen und Städtebau, Vertriebenenminister Johann Baptist Gradl für das Gesamtdeutsche Ministerium und Bundesschatzminister Werner Dollinger für Wirtschaftliche Zusammenarbeit. Am 8. 11. 1966 ernannte der Bundespräsident auf Vorschlag des Bundeskanzlers die vier Amtswalter zusätzlich zu ihrem bisherigen Ministeramt zu Ministern der von ihnen wahrgenommenen Ressorts[110].

---

[108] Auskunft aus dem Bundeskanzleramt.
[109] Vgl. Archiv der Gegenwart 1966, S. 12777.
[110] Eine förmliche Ernennung wäre nach den Ausführungen oben auf S. 62 nicht erforderlich gewesen.

Dritter Teil

Die verfassungsrechtliche Stellung der Geschäftsregierung

Die von Art. 63 und 64 GG abweichende Bestellung der Geschäftsregierung sowie der Name selbst, dem der Gedanke des Behelfsmäßigen anhaftet[1], legen die Vermutung nahe, daß ihre Rechtsstellung schwächer ist als die einer normalen Regierung. Daraus können sich vor allem Konsequenzen für die Kompetenz der geschäftsführenden Regierung ergeben.

A. Der Rechtscharakter der Geschäftsregierung

Die bisherigen Erörterungen haben gezeigt, daß die Notwendigkeit der Geschäftsregierung eine typische Konsequenz eines auf dem parlamentarischen Prinzip aufgebauten Regierungssystems ist, weil eine Regierung, die nach anderen Prinzipien gebildet wird, nicht in die Lage kommen kann, Regierungsfunktionen ausüben zu müssen, obwohl sie auf Grund der einschlägigen verfassungsrechtlichen Bestimmungen gar nicht mehr Träger dieser Funktion sein dürfte[2]. Angesichts dieser Erkenntnis stellt sich die Frage nach dem Rechtscharakter der Geschäftsregierung, d. h. ob sie noch eine parlamentarische Regierung im Sinne des Grundgesetzes ist.

1. Während in der Literatur zum Grundgesetz zu dieser Frage, soweit ersichtlich, noch nicht Stellung genommen wurde[3], hat sich Dreher

---

[1] Im Gegensatz zum Grundgesetz, das in Art. 69 Abs. 3 von der Weiterführung der „Geschäfte" spricht, ist in Art. 55 Abs. 3 der Verfassung von Baden-Württemberg und in Art. 62 Abs. 3 der Verfassung von Nordrhein-Westfalen von der Weiterführung des „Amtes" die Rede.

[2] Grundlegend hierzu der verfassungstheoretische Teil der Untersuchung von Dreher, Geschäftsregierung und Reichsverfassung, Diss. jur. Leipzig 1932, S. 41 ff.

[3] Lediglich im Zusammenhang mit der Erörterung der Kompetenz der Geschäftsregierung findet sich gelegentlich der Satz, die Stellung der Geschäftsregierung sei verfassungsrechtlich keine andere als die einer normalen Regierung; vgl. v. Mangoldt-Klein, Kommentar, Art. 69, Anm. V 9,

A. Der Rechtscharakter der Geschäftsregierung

in seiner im Jahre 1932 erschienenen Dissertation „Geschäftsregierung und Reichsverfassung" sehr eingehend mit dem Problem des Verhältnisses der Geschäftsregierung zum parlamentarischen Prinzip befaßt[4]. Mit Nachdruck hat er die These vertreten[5], die Reichsregierung habe in dem Augenblick der Verwandlung zur Geschäftsregierung aufgehört, eine parlamentarische Regierung zu sein, sie sei vielmehr „eine absolut unparlamentarische Regierung", da der Reichstag ihr jetzt kein Mißtrauensvotum mehr aussprechen könne und dadurch das parlamentarische Prinzip des Art. 54 WRV, „der Angelpunkt des Kontrollapparates", ausgeschaltet werde.

Indessen bringen weder das Ergebnis noch die Argumentation Drehers die hier zu entscheidende Frage der Lösung näher, da die Antwort für jede Verfassung je nach Ausgestaltung des parlamentarischen Regierungssystems verschieden ausfallen kann. Das parlamentarische Regierungssystem des Grundgesetzes ist nämlich, insbesondere durch Art. 67 GG, anders als das der Weimarer Reichsverfassung ausgestaltet. Es ist nicht einmal uneingeschränkt parlamentarisch im Sinne der sehr allgemeinen, die Vielfalt der Erscheinungen des Parlamentarismus berücksichtigenden Definition Scheuners, wonach ein parlamentarisches Regierungssystem nur dort besteht, „wo das Kabinett rechtlich oder politisch verpflichtet ist, jederzeit auf Votum des auf allgemeinen Wahlrechts beruhenden Hauses des Parlaments aus dem Amte zu scheiden"[6]. Das hat nicht wenige Autoren veranlaßt, von einem „beschränkten"[7], „gedrosselten"[8], „abgeschwächten"[9], „modifizierten"[10], „denaturierten"[11] parlamentarischen Regierungssystem oder von einer „Sonderspielart des parlamentarischen Typus"[12] zu spre-

---

unter Bezugnahme auf Anschütz, Kommentar, Art. 54, Anm. 5, S. 324; Friesenhahn, a.a.O., S. 62; Münch, Bundesregierung, S. 191.

[4] Im staatsrechtlichen Schrifttum der Weimarer Zeit wurde dieses Problem im Gegensatz zur Frage der Kompetenz der Geschäftsregierung nur gelegentlich gestreift.

[5] Geschäftsregierung, S. 37.

[6] Scheuner, Über die verschiedenen Gestaltungen des parlamentarischen Regierungssystems, AöR 52, S. 228.

[7] v. Mangoldt-Klein, Kommentar, Vorbemerkung III 2 zum VI. Abschnitt.

[8] Dennewitz in Bonner Kommentar, Einleitung, S. 68.

[9] v. Mangoldt, Kommentar, Vorbemerkung 2 d Abs. 1 zum III. Abschnitt; v. Mangoldt, Das Verhältnis von Regierung und Parlament, Deutsche Landesreferate zum III. Internationalen Kongreß für Rechtsvergleichung, 1950, Bd. 4, S. 821.

[10] v. Doemming-Füßlein-Matz, Entstehungsgeschichte der Artikel des Grundgesetzes, JöR N. F. 1, S. 422.

[11] Schüle, Oberbefehl, Personalausschuß, Staatsnotstand, Betrachtungen zur neuen Wehrordnung, JZ 1955, S. 466.

[12] Scheuner, Das parlamentarische Regierungssystem in der Bundesrepublik, DÖV 1957, S. 633.

chen. Die eingangs gestellte Frage läßt sich deshalb nicht beantworten, ohne das parlamentarische Regierungssystem in der Ausgestaltung durch das Grundgesetz näher ins Auge zu fassen, wobei allerdings eine Kennzeichnung seiner wesentlichen Merkmale, soweit sie in diesem Zusammenhang von Bedeutung sind, genügt. Es sind dies: Legitimation der Regierung durch das Vertrauen zumindest der einfachen Mehrheit des Bundestages[13], Verantwortlichkeit der Regierung gegenüber dem Bundestag und die Kontrolle der Regierung durch den Bundestag, insbesondere durch das Mißtrauensvotum nach Art. 67 GG.

2. Diese Merkmale erfüllt die Geschäftsregierung nur teilweise. Der Geschäftsregierung fehlt nämlich die parlamentarische Legitimation. Die geschäftsführende Regierung wird abweichend von Art. 63 und 64 GG bestellt und wird deshalb auch nicht vom Vertrauen des Parlaments getragen. Das mit dem ursprünglichen Bestellungsakt erlangte Vertrauen ist aber mit dem Zusammentritt eines neuen Bundestages untergegangen; der an die Stelle eines verstorbenen Bundeskanzlers tretende geschäftsführende Kanzler war nie im Besitz dieses Vertrauens, und der zurückgetretene, die Geschäfte weiterführende Kanzler hat sich dieses Vertrauens durch seine Rücktrittserklärung einseitig entledigt. Letztlich kommt es auf das Vertrauensverhältnis zwischen dem Bundestag und der Geschäftsregierung überhaupt nicht an.

3. An der Verantwortlichkeit der Regierung gegenüber dem Parlament ändert sich indessen durch die Verwandlung zur Geschäftsregierung nichts. Dieser Grundsatz wird durch die von der Regel abweichende Legitimation des Bundeskanzlers durch den Bundespräsidenten und der Minister durch den Bundeskanzler nicht durchbrochen, etwa derart, daß eine Verantwortung nur gegenüber dem Bundespräsidenten bzw. dem Bundeskanzler entstünde. Für eine solche Interpretation gibt Art. 69 Abs. 3 GG nichts her; ein diesbezüglicher verfassungsgesetzlicher Ausschluß der parlamentarischen Verantwortlichkeit fehlt. Soweit früher die parlamentarische Verantwortlichkeit der Geschäftsregierung gelegentlich nur mit Einschränkung bejaht[14] oder überhaupt verneint[15] wurde, geschah dies mit der Begründung, die

---

[13] Zwar ist der Bundestag auch im Normalfall rechtlich zur Mitwirkung bei der Auswahl und Bestellung der Bundesminister nicht berufen, indirekt aber insoweit, als das Vertrauen des Bundestages zu den Bundesministern „voll in dem Vertrauen zum Bundeskanzler aufgeht, das sich mithin auch auf die richtige Auswahl genehmer Personen als Bundesminister erstreckt"; so v. Mangoldt-Klein, Kommentar, Art. 64, Anm. III 1; vgl. auch Giese-Schunck, Kommentar, Art. 64, Erl. II 2; Friesenhahn, a.a.O., S. 45.

[14] Müller, a.a.O., S. 21.

[15] Heilbrunn, Rechte und Pflichten der geschäftsführenden Regierung, AöR 60, S. 386; Dreher, Geschäftsregierung, S. 42; Hieronymus, Die Stellung der geschäftsführenden Regierung im Reich und in Preußen, Diss. jur. Marburg 1932, S. 31; Dowie, Die geschäftsführende Regierung im deutschen

A. Der Rechtscharakter der Geschäftsregierung

Geschäftsregierung könne nicht mehr zur Verantwortung gezogen werden, da ihr der Reichstag kein Mißtrauensvotum mehr erteilen könne. In der Tat war in der staatsrechtlichen Literatur der Weimarer Zeit die Auffassung, daß ein Mißtrauensvotum gegenüber einer Geschäftsregierung mit dem Ziel ihrer Beseitigung unmöglich sei, unbestritten[16], es hätte niemals mehr als eine „politische Demonstration"[17] sein können; denn eine Regierung, die des Vertrauens des Parlaments nicht bedarf und sich bereits in der Demission befindet, kann schon begrifflich nicht nochmals zum Rücktritt gezwungen werden. Zum andern wäre damit nichts gewonnen, da man dieser Regierung erneut die Geschäftsführung übertragen müßte, um eine Unterbrechung der Regierungstätigkeit zu vermeiden. Die Kontrolltätigkeit des Parlaments kann eben immer nur so weit gehen, daß sie „die Regierungstätigkeit zwar bis zu einem beschränkten Maße hemmen und in eine bestimmte Richtung lenken, aber niemals völlig unterbinden" kann[18]. Der Versuch, aus der Unmöglichkeit eines Mißtrauensvotums gegenüber der Geschäftsregierung auf das Fehlen der parlamentarischen Verantwortlichkeit der Geschäftsregierung zu schließen, scheitert allerdings schon deshalb, weil das Fehlen dieses einen Kontrollmittels, das in der Praxis ohnehin keine allzu große Rolle gespielt hat, nicht das einzige Kriterium für das Bestehen der parlamentarischen Verantwortlichkeit ist[19]. Das gilt ohne Einschränkung auch für das Grundgesetz, so daß festgehalten werden kann, daß die Geschäftsregierung nach dem Grundgesetz dem Bundestag voll verantwortlich bleibt.

4. Da es für die Geschäftsregierung des Grundgesetzes ebensowenig wie für die der Weimarer Reichsverfassung darauf ankommt, daß sie das Vertrauen des Parlaments besitzt, ist auch gegenüber dem Bundeskanzler ein Mißtrauensvotum nach Art. 67 GG, das sich über Art. 69 Abs. 2 GG auf die gesamte Regierung erstreckt, nicht möglich. Es fragt sich deshalb, ob von einer wirksamen Kontrolle der Regierung durch

---

Staatsrecht, Diss. jur. Marburg 1933, S. 28; Bertram, Rücktritt und Geschäftsführung von Ministerium und Minister nach den Verfassungen der Länder und des Reiches, AöR N. F. 23, S. 155.

[16] Nach Huber, Die Stellung der Geschäftsregierung in den deutschen Ländern, DJZ 1932, Spalte 195, soll aber eine „Mißtrauenserklärung im Hinblick auf die Grenzen der Befugnisse der Geschäftsregierung" zulässig sein; vgl. auch Gmelin, Die Frage der Wirkung eines Mißtrauensvotums gegen ein zurückgetretenes Ministerium oder eines seiner Einzelmitglieder, AöR N. F. 22 (1932), S. 231 ff., der Bedenken gegen die Wirkungslosigkeit eines Mißtrauensvotums äußert, weil diese dem Geist der Verfassung widerspreche; gleichwohl will er die Geschäftsregierung weiteramtieren lassen.

[17] Dreher, Geschäftsregierung, S. 35.
[18] Koellreuther, Parlamentarische Regierung, S. 389.
[19] Vgl. oben 47 sowie die folgenden Ausführungen.

das Parlament noch gesprochen werden kann, wenn der Bundestag der schärfsten Waffe des Art. 67 GG beraubt ist.

Indessen kann der Bundestag dem Bundeskanzler das Mißtrauen nach Art. 67 GG nur dadurch aussprechen, daß er einen neuen Bundeskanzler wählt, der zu einer Regierungsbildung imstande ist. Will der Bundestag die Geschäftsregierung beseitigen, bedarf es dazu eines Mißtrauensvotums aber gar nicht, da der Bundestag ohnehin zur Neuwahl eines Kanzlers schreiten muß, sobald die Amtszeit des bisherigen zu Ende gegangen ist. Amtiert also eine Regierung geschäftsführend, dann ist auch bereits ein Wahlverfahren gemäß Art. 63 GG in Gang. Im übrigen kann dieses Verfahren unter Umständen eher zur Wahl eines neuen Bundeskanzlers führen, weil im Gegensatz zu Art. 67 GG die Wahl eines Kanzlers nach Art. 63 Abs. 4 GG sogar mit nur relativer Mehrheit möglich ist. Das fehlende Mißtrauensvotum führt demnach zu keiner Einschränkung der parlamentarischen Kontrolle, da der Bundestag auch dann, wenn er einer Geschäftsregierung gegenübersteht, die Möglichkeit der Beseitigung der Geschäftsregierung behält. Durch das alleinige Recht des Bundestages, die Person des Bundeskanzlers zu bestimmen — von dem dem Bundespräsidenten nur im ersten Wahlgang nach Art. 63 Abs. 1 GG zustehenden Vorschlagsrecht einmal abgesehen —, wurde die Stellung des Bundestages gegenüber dem Reichstag der Weimarer Republik, der lediglich die Möglichkeit hatte, dem vom Reichspräsidenten nach freiem Ermessen ausgewählten und ernannten Reichskanzler das Mißtrauen auszusprechen, trotz der Ausgestaltung des Art. 67 GG nicht unerheblich gestärkt. Damit ist zugleich auch der Konflikt zwischen Geschäftsregierung und parlamentarischem Prinzip weitgehend entschärft worden.

Der Bundestag besitzt darüber hinaus noch andere wirksame Möglichkeiten, die weiterbestehende parlamentarische Verantwortlichkeit der Geschäftsregierung zur Geltung zu bringen[20]. Nach Art. 43 Abs. 1 GG kann der Bundestag von jedem Regierungsmitglied die Anwesenheit im Bundestag und seinen Ausschüssen verlangen, nach Art. 44 GG muß ein Regierungsmitglied auch vor einem Untersuchungsausschuß erscheinen. Die §§ 115, 116 GeschO BT verpflichten die Bundesregierung, dem Bundestag Auskunft über die Ausführung von Bundestagsbeschlüssen zu geben. Nach §§ 105, 110, 111 GeschO BT können Mitglieder des Bundestages von der Bundesregierung durch „Große Anfragen", „Kleine Anfragen" und „Mündliche Fragen" in der Fragestunde Auskunft verlangen. Der Bundestag kann auch den Etat eines Ministeriums kürzen. Der Bundestag kann schließlich die Bundesregierung

---

[20] Vgl. hierzu v. Wick, Die Verantwortung der Bundesminister, DÖV 1956, S. 114.

A. Der Rechtscharakter der Geschäftsregierung

oder einzelne ihrer Mitglieder durch einen formellen Beschluß öffentlich tadeln. Solche Mißbilligungs- oder Tadelsbeschlüsse, die freilich keine unmittelbaren verfassungsrechtlichen Folgen auszulösen, aber einen nicht zu unterschätzenden politischen Druck auszuüben vermögen, sind als zulässig anzusehen[21]; denn „Beschlüsse der Volksvertretung zu verbieten, die auf eine Kritik an der Regierung hinauslaufen, hieße, das parlamentarische Prinzip selbst aufgeben"[22]. Der Bundestag hat auch bereits mehrfach über entsprechende Anträge entschieden[23].

Ist der Bundestag nicht in der Lage, einen neuen Bundeskanzler zu wählen, so daß die Geschäftsregierung längere Zeit im Amt bleiben muß, so kommt diesen Mißbilligungs- oder Tadelsbeschlüssen wegen des nun nicht mehr zulässigen Mißtrauensvotums eine erhöhte Bedeutung zu. Denn der Bundestag kann hiermit gegenüber der von ihr nicht legitimierten Geschäftsregierung sehr deutlich und in aller Öffentlichkeit zum Ausdruck bringen, daß er mit bestimmten Maßnahmen der Geschäftsregierung nicht einverstanden ist.

Ein ansonsten zulässiges Vertrauensfrage-Ersuchen, wie es die SPD-Fraktion am 8. 11. 1966 im Bundestag eingebracht hat[24], das Forsthoff[25]

---

[21] Dies ist in der Literatur überwiegend anerkannt; vgl. Friesenhahn, a.a.O., S. 36, Anm. 70; Forsthoff, Regierungskrise und Regierungsbildung im Herbst 1966, Festgabe für Hans Schomerus, 1967, S. 134; Hamann, Kommentar, Art. 67, Anm. B 1; Koellreuther, Staatsrecht, S. 207; Jellinek, Diskussionsbeitrag, VVDStRL Heft 8, S. 65; v. Mangoldt-Klein, Kommentar, Art. 67, Anm. IV 1; Maunz, Staatsrecht, S. 338; Hans Schneider, Kabinettsfrage und Gesetzgebungsnotstand nach dem Bonner Grundgesetz, VVDStRL Heft 8, S. 29; Schlochauer, Öffentliches Recht, 1957, S. 67; U. M., Mißbilligungvoten gegen Bundesminister, AöR 76 (1950), S. 340 f.; Sellmann, Der schlichte Parlamentsbeschluß (Eine Studie zum Parlamentsakt außerhalb des Gesetzgebungsverfahrens. Dargestellt an Beschlüssen des Bundestages und des Bayerischen Landtages), Berlin 1966, S. 87; AöR 75, S. 346; Rehn, Das Mißtrauensvotum nach dem Grundgesetz der Bundesrepublik Deutschland, Diss. jur. Marburg 1955, S. 74; Criegee, Ersuchen des Parlaments an die Regierung. Grundlagen im Verfassungsrecht. Zulässigkeit und Verbindlichkeit, Diss. jur. Tübingen 1965, S. 123; a. A. Schmidt = Bleibtreu-Klein, Kommentar, Art. 67, Rdnr. 3; Münch, Bundesregierung, S. 178 f., 187; Nawiasky-Leusser-Gerner, Die Verfassung des Freistaates Bayern, Systematischer Überblick und Handkommentar, 2. Aufl. München 1964, S. 18: „Beschlüsse des gesetzgebenden Körpers ohne jede rechtliche Konsequenz sind aber sinnwidrig"; Schneider, Oskar, a.a.O., S. 78. der Mißbilligungsanträge nur gegen Minister, nicht aber gegen den Bundeskanzler für zulässig hält; Bundeskanzler Dr. Adenauer in der 253. Sitzung des I. Bundestages vom 5. 3. 1953, StenBer., S. 12162 A; der Abgeordnete Dr. Barzel in der 76. Sitzung des V. Bundestages vom 8. 11. 1966, StenBer., S. 3296 ff.

[22] Vgl. Hans Schneider, a.a.O., S. 29.

[23] Vgl. die Zusammenstellung bei v. Mangoldt-Klein, Kommentar, Art. 67, Anm. IV 2 und 3.

[24] In der 70. Sitzung des V. Bundestages vom 8. 11. 1966, StenBer., S. 3296 ff.; eine eingehende Darstellung der Regierungskrise und der in diesem Zusammenhang aufgetretenen verfassungsrechtlichen Fragen findet sich bei Forsthoff, a.a.O., S. 133—140 sowie bei Erich Küchenhoff, Mißtrauensantrag und Vertrauensfrage-Ersuchen, DÖV 1967, S. 116—124.

zutreffend als „indirektes Mißtrauensvotum" bezeichnet hat, ist allerdings gegenüber einem geschäftsführenden Bundeskanzler unzulässig, weil es in einem solchen Fall auf etwas rechtlich Unmögliches gerichtet ist. Ein geschäftsführender Bundeskanzler ist nämlich zur Stellung der Vertrauensfrage nach Art. 68 GG nicht mehr berechtigt, wie unten noch nachzuweisen sein wird. Das gleiche gilt für einen Beschluß, mit dem der Bundeskanzler ersucht wird, einen Minister zur Entlassung vorzuschlagen, da ein geschäftsführender Minister regelmäßig bereits entlassen ist.

Zusammenfassend kann festgestellt werden, daß der Geschäftsregierung zwar die parlamentarische Legitimation fehlt, daß sie aber nach wie vor der praktisch uneingeschränkten Kontrolle des Parlaments unterliegt. Die eingangs gestellte Frage, ob die Geschäftsregierung eine parlamentarische Regierung im Sinne des Grundgesetzes ist, kann deshalb nicht bejaht werden, sie ist aber auch nicht absolut zu verneinen. Die Geschäftsregierung im parlamentarischen Regierungssystem des Grundgesetzes läßt sich vielmehr dahingehend charakterisieren, daß sie zwar keine parlamentarisch legitimierte, aber eine parlamentarisch kontrollierte Regierung ist.

B. Die Kompetenz geschäftsführender Regierungen

Eine ausdrückliche Regelung über die Befugnisse geschäftsführender Regierungen enthält das Grundgesetz nicht; es sagt in Art. 69 Abs. 3 ganz lapidar, daß die Geschäfte weiterzuführen sind. Ob damit eine allgemeine Beschränkung der Zuständigkeit und Regierungstätigkeit der Geschäftsregierung gemeint ist oder ob sie dieselben Befugnisse wie eine normale besitzt, ist aus dieser Formulierung nicht zu entnehmen.

I. Die Stellungnahme des Schrifttums

In der Literatur wird, zumeist unter Berufung auf die unter der Geltung der Weimarer Reichsverfassung in Staatsrechtslehre und Staatspraxis entwickelten Grundsätze, die Auffassung vertreten, der Umfang der staatsrechtlichen Befugnisse geschäftsführender Regierungen und Regierungsmitglieder sei kein anderer als der einer normalen Regierung[26]. Indessen blieb die in den ersten Jahren nach In-

---

[25] a.a.O., S. 135.
[26] So v. Mangoldt-Klein, Kommentar, Art. 69, Anm. V 9; Friesenhahn,

B. Die Kompetenz geschäftsführender Regierungen

krafttreten der Weimarer Reichsverfassung noch nahezu einhellige Meinung, daß die Geschäftsregierung mangels ausdrücklicher rechtlicher Schranken sämtliche Befugnisse einer normalen Regierung besitze und es lediglich eine Frage des politischen Takts sei, ob sie sich in hochpolitischen Dingen eine Selbstbeschränkung auferlege[27], keineswegs unbestritten. Als die Länderparlamente nicht mehr willens oder in der Lage waren, den Regierungschef oder die Regierung zu wählen und die wegen eines Mißtrauensvotums oder nach einer Landtagswahl zurückgetretenen Landesregierungen als geschäftsführende nicht nur vorübergehend, sondern jahrelang im Amt blieben[28], mehrten sich nämlich die Stimmen, die aus Begriff, Wesen, Stellung und Zweck der Geschäftsregierung eine sachliche Beschränkung ihrer Zuständigkeit auf die laufenden, die nur dringenden oder unaufschiebbaren Geschäfte oder etwaige Notmaßnahmen sowie eine Beschränkung in der Gegenzeichnungsbefugnis folgerten[29]. Ob und wieweit sich die Geschäfts-

---

a.a.O., S. 26; Münch, Bundesregierung, S. 190 f.; v. Mangoldt, Kommentar, Art. 69, Anm. 4; Amphoux, a.a.O., S. 152 f.; Kerschbaumer, a.a.O., S. 35; Herkner, Die staatsrechtliche Stellung der Bundesregierung und der deutschen Länderregierungen. Ein verfassungsrechtlicher Vergleich, Diss. jur. Tübingen 1959, S. 63; Laufkötter, a.a.O., S. 120; Remè, Die Stellung der Exekutive nach dem Bonner Grundgesetz im Rahmen des parlamentarischen Regierungssystems und des Staatsnotstandes, Diss. jur. Hamburg 1953, S. 69; Kleinertz, a.a.O., S. 161; ebenfalls für dieselben Befugnisse, aber mit der Einschränkung, daß nur notwendige Entscheidungen zu treffen seien, aufschiebbare aber auszusetzen, Giese-Schunck, Kommentar, Art. 69, Erl. II 5; zustimmend Steinbrenner, a.a.O., S. 162; Müller, a.a.O., S. 106.

[27] In diesem Sinne Anschütz, Kommentar, Art. 54, Anm. 7; Stier-Somlo, Geschäftsministerium, laufende Geschäfte, ständiger Ausschuß und Notverordnungen nach preußischem Verfassungsrecht, AöR 48 (1925), S. 223 f.; Herrfahrdt, Die Kabinettsbildung nach der Weimarer Verfassung unter dem Einfluß der politischen Praxis, 1927, S. 51; Koellreutter, Parlamentarische Regierung, S. 389; Waldecker, Die Verfassung des Freistaates Preußen vom 30. November 1920, 2. Aufl. 1928, Art. 59, Anm. 4; Kratzer, Das Geschäftsministerium, Bayerische Verwaltungsblätter, 79. Jg. 1931, S. 340; Bertram, Rücktritt und Geschäftsführung von Ministerium und Minister nach den Verfassungen der Länder und des Reiches, AöR N. F. 23, S. 160; Nawiasky, Geschäftsministerium, S. 37; StGH RGZ 112, Anhang S. 5.

[28] Vgl. die Übersicht auf S. 2 oben sowie die Aufstellung bei Poetzsch-Heffter, JöR 21, S. 30 f.

[29] In diesem Sinne haben sich ausgesprochen: Poetzsch-Heffter, Handkommentar der Reichsverfassung, 3. Aufl. 1928, Art. 53, Note 3 b; Huber, Die Stellung der Geschäftsregierung in den deutschen Ländern, DJZ 1932, Spalte 195; Braatz, Das Geschäftsministerium in Preußen, DJZ 1932, Spalte 979; Wider, Geschäftsregierungen in Reich und Ländern, Zeitschrift für die freiwillige Gerichtsbarkeit und die Gemeindeverwaltung in Württemberg und Jahrbücher der württembergischen Rechtspflege, Jg. 74 (1932), S. 218; Glum, Besprechung von Heinrich Herrfahrdt, Die Kabinettsbildung nach der Weimarer Verfassung unter dem Einfluß der politischen Praxis, AöR N. F. 15, S. 450; Dreher, Geschäftsregierung, S. 70; Dowie, Die geschäftsführende Regierung im deutschen Staatsrecht, Diss. jur. Marburg 1933, S. 39 f.; Heilbrunn, a.a.O., S. 388; Hieronymus, a.a.O., S. 36; Müller, a.a.O., S. 25; Giese-Volkmann, Die preußische Verfassung vom 30. November 1920, 2., neu bearbeitete Aufl., Berlin 1926, Art. 59, Erl. II 4.

regierungen in der Praxis im allgemeinen Zurückhaltung auferlegten, bleibt einer exakten Nachprüfung entzogen; sie haben jedenfalls in einzelnen Fällen sämtliche auch einer normalen Regierung zustehenden Befugnisse ausgeübt. Geschäftsregierungen haben neben der Erledigung der normalen Regierungs- und Verwaltungsgeschäfte Gesetzentwürfe eingebracht, Anleihen aufgenommen, Rechts- und Verwaltungsverordnungen sowie eine stattliche Anzahl von Notverordnungen erlassen. Die hessische Geschäftsregierung verkündete z. B. im Notverordnungsweg das Finanzgesetz für das Jahr 1932. Das oldenburgische Geschäftskabinett löste sogar auf Grund des § 55 der oldenburgischen Verfassung den Landtag auf[30].

Angesichts dieses Streitstandes kann von allgemein anerkannten, gefestigten Grundsätzen keineswegs die Rede sein. Diese hätten, davon abgesehen, im Hinblick auf die gegenüber der Weimarer Reichsverfassung und den Länderverfassungen verschiedene Ausgestaltung des Verhältnisses zwischen Parlament und Regierung ohnehin nicht kritiklos übernommen werden können. Das bedeutet, daß sich eine Stellungnahme zum früheren Meinungsstreit erübrigt und daß die Frage der Kompetenz der Geschäftsregierung nach dem Grundgesetz entgegen der überwiegenden Meinung in der Literatur zum Grundgesetz nicht ohne eine erneute und eingehende Erörterung beantwortet werden kann. Dabei können jedoch die seinerzeit für und gegen eine uneingeschränkte Kompetenz der Geschäftsregierung gefundenen Argumente wertvolle Lösungshinweise geben.

II. Die Argumente für und gegen eine allgemeine Beschränkung der Kompetenz der Geschäftsregierung

Wenn Art. 69 Abs. 3 GG von der Weiterführung der Geschäfte spricht, ist damit noch keine Beschränkung angedeutet. Selbst für die preußische Verfassung, wo in Art. 59 von der Weiterführung der „laufenden Geschäfte" die Rede war, hat dies der Staatsgerichtshof[31] verneint. Es darf nämlich nicht übersehen werden, daß sich auch die Geschäftsregierung noch im Amt befindet und noch *Regierung* ist. Sie muß es auch sein, soll sie ihren Zweck erfüllen, eine Unterbrechung der Regierungsfunktion als wesentlicher Staatsfunktion zu verhindern. Aus dieser Sicht verbietet sich aber eine inhaltliche Beschränkung der Regierungstätigkeit.

Damit scheidet zunächst eine Beschränkung auf die Erledigung rein technischer Geschäfte und auf unpolitische, sachliche Aufgaben aus.

---

[30] Vgl. dazu die sehr ausführlichen Angaben über die Staatspraxis bei Dowie, a.a.O., S. 16 f.

[31] In RGZ 112, Anhang S. 5.

B. Die Kompetenz geschäftsführender Regierungen

Eine Regierung ohne jeden politischen Charakter wäre keine Regierung mehr, sondern eine bloße Fachbehörde, die als solche nicht oberstes Organ der vollziehenden Gewalt im Staate sein kann[32]. Aber auch aus dem Wesen der Geschäftsregierung als einer Notlösung für einen Übergangszustand läßt sich keine allgemeine Beschränkung ihrer Befugnisse rechtfertigen, etwa im Sinne einer Abwicklung von bereits in Gang befindlichen, zwangsläufig anfallenden oder dringend erforderlichen, unaufschiebbaren Geschäften[33], ohne neue Arbeiten von grundsätzlicher Bedeutung in Angriff zu nehmen und einschneidende Entscheidungen hochpolitischen Charakters zu fällen[34], abgesehen davon, daß es eine solche, juristisch auch nur annähernd faßbare Grenze überhaupt nicht gibt. Mag auch angesichts des provisorischen Charakters der Geschäftsregierung unter Umständen eine Zurückhaltung bei allen weittragenden Entscheidungen wünschenswert sein, eine allgemeine rechtliche Schranke läßt sich aus diesen Erwägungen nicht aufstellen. Die Geschäftsregierung muß vielmehr alle zur Aufrechterhaltung der Regierungs- und Staatstätigkeit notwendigen Kompetenzen besitzen und alle hierfür notwendigen Maßnahmen treffen, vor allem wenn die Geschäftsregierung für längere Zeit, etwa einige Monate, amtieren soll. Die Regierungstätigkeit in einem modernen Staat kann sich auf lange Sicht nicht darin erschöpfen, einzelne Maßnahmen von heute auf morgen zu planen und in die Tat umzusetzen. Sie fordert mehr denn je eine in die Zukunft gerichtete, weit vorausschauende Planung und Beschlußfassung, der sich auch eine Geschäftsregierung nicht verschließen darf, soll nicht das Staatsganze schwerwiegenden Schaden erleiden.

Sehr gewichtig waren dagegen die gegen eine uneingeschränkte Kompetenz der Geschäftsregierung am häufigsten vorgebrachten Einwände, eine Regierung könne nach ihrem auf Grund eines Mißtrauensvotums erfolgten Rücktritt als Geschäftsregierung nicht mehr diejenige Politik fortsetzen, deretwegen sie gestürzt worden ist, eine Beschränkung ihrer Kompetenz sei aber vor allem geboten, weil eine einmal gestürzte Regierung nicht noch einmal durch ein Mißtrauensvotum zum Rücktritt gezwungen[35] und damit beseitigt werden könne[36].

---

[32] So zutreffend Nawiasky, Geschäftsministerium in Bayern, Bayerische Verwaltungsblätter, 80. Jg. 1932, S. 35; Wider, a.a.O., S. 217; Amphoux, a.a.O., S. 152 f.

[33] So aber Wider, a.a.O., S. 218.

[34] In diesem Sinne etwa Huber, Die Stellung der Geschäftsregierung in den deutschen Ländern, DJZ 1932, Spalte 195.

[35] Es ist ein Mangel, der nahezu der gesamten Literatur zur Geschäftsregierung anhaftet, daß das Problem der Verfassungsmäßigkeit und Kompetenz der Geschäftsregierung allein im Hinblick auf Art. 54 WRV beleuchtet wurde; dies ist um so unverständlicher, als auch in der Praxis Geschäftsregierungen, die nach einem ausdrücklichen Mißtrauensvotum amtierten, auf wenige Ausnahmefälle beschränkt waren.

[36] Vgl. Dowie, a.a.O., S. 53.

Ob diese Einwände und Bedenken für die Frage der Kompetenz der Geschäftsregierung im Reich und seinen Ländern berechtigt waren, mag dahingestellt bleiben; durch die jetzige verfassungsrechtliche Ausgestaltung des parlamentarischen Regierungssystems sind sie ausgeräumt bzw. überhaupt gegenstandslos geworden. Einen geschäftsführenden Bundeskanzler gibt es nämlich nach einem erfolgreichen Mißtrauensvotum nicht mehr, da es nach Art. 67 GG nur durch einen Kanzleraustausch realisiert werden kann. In der Praxis werden allenfalls einige Minister für kurze Zeit geschäftsführend im Amt sein. Zum anderen hat der Bundestag im Gegensatz zum Reichstag die Möglichkeit, auch die Geschäftsregierung zu beseitigen[37], ohne daß er dazu eines Mißtrauensvotums bedarf.

Gelingt dem Bundestag aber auf Grund schwieriger Mehrheitsverhältnisse nicht sofort die Wahl eines neuen Bundeskanzlers, so daß die Geschäftsregierung für längere Zeit amtieren muß, ist die Situation nicht anders, als wenn sich im Bundestag keine Mehrheit für ein konstruktives Mißtrauensvotum findet, um den amtierenden ordentlichen Bundeskanzler durch einen anderen zu ersetzen. Der Bundestag besitzt jedenfalls die Möglichkeit, die Dauer der Amtszeit des ordentlichen wie des geschäftsführenden Bundeskanzlers zu bestimmen. Eine Kompetenzbeschränkung der Geschäftsregierung ist deshalb auch in einem solchen Fall verfassungsrechtlich nicht zu begründen.

Daß die Geschäftsregierung nicht durch das Vertrauen des Parlaments legitimiert ist, rechtfertigt für sich allein ebenfalls noch keine allgemeine Beschränkung ihrer Kompetenz, zumal der Bundestag die Geschäftsregierung ebenso wirkungsvoll wie die normale Regierung kontrollieren kann[38]. Im übrigen hat auch ein Minderheitskanzler nach Art. 63 Abs. 4 GG, der nicht das Vertrauen der Mehrheit der Mitglieder des Parlaments besitzt, also nach klassisch-parlamentarischen Vorstellungen nur ein geschäftsführender sein könnte, nicht weniger Kompetenzen als ein nach Art. 63 Abs. 2 oder Abs. 3 GG legitimierter. Nicht zu Unrecht hat Friesenhahn[39] daraus gefolgert, daß der Unterschied zwischen einem Minderheitskanzler und einem geschäftsführenden Bundeskanzler nurmehr ein formaler sei. Als Zwischenergebnis ist festzuhalten, daß eine geschäftsführende Regierung keiner *allgemeinen* Beschränkung ihrer Befugnisse unterliegt.

---

[37] Vgl. oben S. 68.
[38] Das ist oben S. 68 ff. nachgewiesen worden.
[39] a.a.O., S. 61.

III. Fehlende Befugnisse des geschäftsführenden Bundeskanzlers und seines Kabinetts

Unterliegt somit die Geschäftsregierung keiner allgemeinen Beschränkung der Kompetenz, könnten ihr doch einzelne Befugnisse versagt sein. So wurde früher von einigen Autoren mit Nachdruck betont, ein geschäftsführender Reichskanzler dürfe nicht mehr die Reichstagsauflösungsverfügung des Reichspräsidenten gegenzeichnen, vor allem wenn der Reichskanzler zuvor durch ein Mißtrauensvotum zum Rücktritt gezwungen worden war[40]; die überwiegende Meinung in der Literatur billigte ihm jedoch auch dieses Recht zu[41].

Soweit die Auflösung des Bundestages nach Art. 63 Abs. 4 GG in Frage steht, ist dieses Problem heute gegenstandslos geworden, da diese Auflösung in Art. 58 GG ausdrücklich für gegenzeichnungsfrei erklärt wurde. Es soll eben nicht vom geschäftsführenden Bundeskanzler abhängen, ob der vom Bundestag mit nur relativer Mehrheit Gewählte ernannt werden soll oder ob der Bundespräsident den Bundestag auflöst; diese Entscheidung ist allein dem Bundespräsidenten vorbehalten.

Nicht so eindeutig geklärt ist die Frage der Bundestagsauflösung nach Art. 68 GG, da diese nicht nur der Gegenzeichnung durch den Bundeskanzler nach Art. 58 Satz 1 GG bedarf, sondern sogar einen entsprechenden ausdrücklichen Vorschlag des Bundeskanzlers voraussetzt. Indessen ist diese Bundestagsauflösung nur unter der weiteren Voraussetzung möglich, daß zuvor ein Antrag des Bundeskanzlers, ihm das Vertrauen auszusprechen, nicht die Zustimmung der Mehrheit der Mitglieder des Bundestages gefunden hat. Zur Stellung eines solchen Antrags ist ein geschäftsführender Bundeskanzler aber nicht mehr befugt. Hat der Kanzler nämlich die Berechtigung zur Amtsführung verloren und bleibt geschäftsführend im Amt, so ist er für die Dauer der Regierungstätigkeit abweichend von der Regel des Art. 63 GG allein durch das Ersuchen des Bundespräsidenten legitimiert. Ob der geschäftsführende Kanzler während dieser Zeit das Vertrauen des Par-

---

[40] Vgl. Dreher, Geschäftsregierung, S. 60 ff.; Heilbrunn, a.a.O., S. 396; Wuermeling, Die rechtlichen Beziehungen zwischen dem Reichspräsidenten und der Reichsregierung, AöR 50, S. 379.
[41] Vgl. Anschütz, Kommentar, Art. 25, Anm. 7, anders noch die 10. Aufl., S. 178, Fußnote 1; Jellinek, Verfassung und Verwaltung des Reichs und der Länder, Staatskunde Bd. II, 3., durchgesehener Abdruck, Leipzig-Berlin 1927, S. 87; Poetzsch-Heffter, Handkommentar, Art. 53, Bem. 3 b; Thoma, Die rechtliche Ordnung des parlamentarischen Regierungssystems, HDStR Bd. 1, § 43, S. 506; Schmitt, Carl, Verfassungslehre, 1928, 3., unveränderte Aufl. Berlin 1957, S. 359; Pohl, Die Zuständigkeiten des Reichspräsidenten, HDStR Bd. 1, § 42, S. 489; Deerberg, Besprechung von Ernst Wolgast, Zum deutschen Parlamentarismus, JW 1929, S. 1748.

laments besitzt, ist somit unerheblich. Der geschäftsführende Bundeskanzler besitzt das Vorschlagsrecht zur Auflösung des Bundestages aber auch dann nicht mehr, wenn er erst auf Grund eines abgelehnten Vertrauensvotums zurückgetreten ist und nun die Geschäfte weiterführt[42]. Das Auflösungsrecht in der Hand eines geschäftsführenden Bundeskanzlers verstieße nämlich gegen den Sinn und Zweck seiner Einräumung. Einem amtierenden Kanzler soll im Fall erheblicher politischer Differenzen zwischen ihm und dem Bundestag ein wirksames Druckmittel gegen den Bundestag gegeben werden[43], er soll in die Lage versetzt werden, die Initiative zu behalten und selbst einem drohenden Mißtrauensvotum nach Art. 67 GG zuvorzukommen[44]. Ist aber der Bundeskanzler zurückgetreten, hat er den Kampf zugunsten des Parlaments aufgegeben und auf die Anwendung des Vorschlagsrechts zur Auflösung des Bundestages verzichtet[45]. Es entspricht nicht zuletzt auch dem Prinzip der Waffengleichheit zwischen dem Bundestag und dem Bundeskanzler, wenn der geschäftsführende Kanzler das Recht zur Stellung des Antrags auf Auflösung des Bundestages nicht mehr besitzt, nachdem auch der Bundestag dem geschäftsführenden Kanzler nicht mehr das Mißtrauen nach Art. 67 GG aussprechen kann.

Besitzt der geschäftsführende Bundeskanzler aber weder das Recht, den Vertrauensantrag zu stellen, noch das Recht, die Auflösung des Bundestages vorzuschlagen, ist die geschäftsführende Bundesregierung auch nicht mehr befugt, den an den Bundespräsidenten zu richtenden Antrag auf Erklärung des Gesetzgebungsnotstandes nach Art. 81 GG zu stellen[46]; denn Voraussetzung hierfür ist, daß der Bundeskanzler einen Vertrauensantrag gestellt oder eine Gesetzesvorlage mit einem solchen verbunden hatte. Obwohl oben gefordert wurde, daß die geschäftsführende Regierung die gleichen Kompetenzen wie eine ordentliche haben müsse, um ihren Zweck zu erfüllen, führt das Fehlen des Antragsrechts auf Erklärung des Gesetzgebungsnotstandes nicht zu einer ins Gewicht fallenden Schwächung der Stellung der Geschäftsregierung bei ihrer Regierungstätigkeit; denn das Verfahren nach Art. 81 GG ist wegen seiner Unzulänglichkeit, Schwerfälligkeit und

---

[42] So auch v. Mangoldt-Klein, Kommentar, Art. 68, Anm. III 4 b.

[43] Nawiasky, Grundgedanken, S. 101; v. Mangoldt-Klein, Kommentar, Art. 68, Anm. II 3; Meder in Bonner Kommentar, Art. 68, Erl. II 9; Eschenburg, Staat, S. 644.

[44] Glum, Kritische Bemerkungen zu Art. 63, 67, 68 und 81 des Bonner Grundgesetzes, Festgabe für Erich Kaufmann, 1950, S. 61; Schneider, a.a.O., S. 30.

[45] Ähnlich auch v. Mangoldt-Klein, Kommentar, Art. 68, Anm. III 3 b.

[46] Ebenso Amphoux, a.a.O., S. 154; Jellinek, Gesetzgebungsnotstand, S. 13; v. Mangoldt, Kommentar, Art. 81, Anm. 2; Börner, Der Gesetzgebungsnotstand. Ein Beitrag zu Art. 81 des Bonner Grundgesetzes, DÖV 1950, S. 239; Remè, a.a.O., S. 68.

B. Die Kompetenz geschäftsführender Regierungen

der Frist des Art. 81 Abs. 3 GG kaum praktikabel und ohnehin nur eine „Attrappe" der Ausnahmebefugnisse der Weimarer Verfassung[47].

Fraglich ist schließlich auch, ob der geschäftsführende Bundeskanzler befugt ist, von dem Vorschlagsrecht nach Art. 64 GG Gebrauch zu machen und ob der Bundespräsident berechtigt ist, einem Vorschlag zur Ernennung zu entsprechen. Der geschäftsführende Bundeskanzler könnte nämlich auf diese Weise Minister ersetzen, die — aus welchen Gründen auch immer — aus dem geschäftsführenden Kabinett ausscheiden. Eine solche Ernennung könnte vor allem dann in Frage kommen, wenn die Geschäftsregierung nicht nur für eine Übergangszeit amtieren muß. Soweit die Ernennung von ordentlichen Ministern in Rede steht, folgt die Unmöglichkeit und Unzulässigkeit allein schon aus Art. 69 Abs. 3 GG, weil danach das Amt eines Bundesministers von dem des Bundeskanzlers derart abhängt, daß das Amt eines Bundesministers mit jeder Erledigung des Amtes des Bundeskanzlers endet. Es ist deshalb nicht möglich, daß neben einem geschäftsführenden Kanzler ein ordentlicher Minister amtiert[48]. Die Zulässigkeit der Ernennung von geschäftsführenden Ministern, einer Ernennung, die durch den Amtsantritt eines Nachfolgers auflösend befristet wäre, hängt davon ab, ob eine Geschäftsregierung ausschließlich aus einem normalen, nämlich dem bisherigen Kabinett erwachsen kann.

Der Gedanke, daß gerade diejenigen Regierungsmitglieder, und nur diese, noch weiterhin Regierungsfunktionen ausüben sollen, die auf Grund der einschlägigen verfassungsrechtlichen Bestimmungen gar nicht mehr Träger dieser Funktion sein dürften, mag zunächst befremden, ja paradox erscheinen, da aus dogmatischen Gründen das Gegenteil zu erwarten wäre. Freilich ist die Regelung des Art. 69 Abs. 3 GG die praktischste, da die bisherigen Amtsinhaber mit dem Gang der Regierungsgeschäfte am vertrautesten sind[49]. Doch würde es dieser praktische Gesichtspunkt allein nicht rechtfertigen, die Aufnahme von neuen Ministern in das geschäftsführende Kabinett generell auszuschließen. Mit der Regelung des Art. 69 Abs. 3 GG verfolgt das Grund-

---

[47] Werner Weber, Weimarer Verfassung und Grundgesetz (Kleine Schriften zum neuen Verfassungsrecht, Bd. 1, Heft 7), Göttingen 1949, S. 23.

[48] So zutreffend für die WRV Bertram, a.a.O., S. 154 f.; Dowie, a.a.O., S. 27; Hieronymus, a.a.O., S. 35; Kratzer, a.a.O., S. 339, Nr. 3; entsprechend für die Preußische Verfassung, Giese-Volkmann, a.a.O., Art. 59, Erl. 4; Vogels, Die Preußische Verfassung, 2., neubearbeitete Aufl., Berlin 1927, Art. 59, Anm. III, S. 148; für die Verfassung von Nordrhein-Westfalen, vgl. Geller-Kleinrahm-Fleck, Kommentar, Art. 62, Bem. 6 d; a. A. Glaser, a.a.O., S. 23.

[49] Dreher, Geschäftsregierung, S. 42 f., betont mit Recht, es käme einem „Schildbürgerstreich" gleich, wenn man aus dogmatischen Gründen andere Politiker betraute, die wieder abtreten müßten, nachdem sie sich kaum eingearbeitet hätten.

gesetz aber noch den weiteren Zweck, den Konflikt zwischen dem Parlament und der von ihm nicht legitimierten Geschäftsregierung zu entschärfen. Das Grundgesetz macht nämlich die Berufung einer Person zum geschäftsführenden Bundeskanzler oder Bundesminister von der ursprünglichen Legitimation, also eines vom Willen der Mehrheit des Bundestages getragenen verfassungsrechtlichen Bestellungsaktes abhängig[50]. Dieses Bestreben kommt auch in Art. 67 GG zum Ausdruck, weil es danach Geschäftsregierungen, die mit dem Makel eines „verfassungsmäßigen Vertrauensverlustes" durch ein ausdrückliches Mißtrauensvotum behaftet sind, nicht mehr gibt[51]. Aus diesem Grund darf sich die Geschäftsregierung in der Regel nur aus bisherigen Mitgliedern zusammensetzen; neue Minister darf ein Bundeskanzler, der vom Vertrauen des Bundestages unabhängig ist, somit nicht vorschlagen, der Bundespräsident einem solchen Vorschlag nicht entsprechen.

Daß die Geschäftsregierung allein aus einem ordentlichen Kabinett erwächst und hinsichtlich des Vorschlagsrechts des Bundeskanzlers zur Ernennung von Ministern eine „Erstarrung"[52] eintritt, folgt darüber hinaus auch aus dem Wesen der Geschäftsregierung, die nach ihrer Idee und Funktion ein „Provisorium", ein „Platzhalter für die kommende Regierung"[53], ein lediglich interimistischer Träger der Regierungsfunktion ist. Jede Aufnahme eines neuen Regierungsmitglieds, wenn auch nur auf bestimmte Zeit, wäre nämlich ein Actus Contrarius zu der vollzogenen Demission der Regierung. Nur dann, wenn der Bundeskanzler kein geeignetes Kabinettsmitglied findet, das bereit ist, ein weiteres Ressort mitzuverwalten, oder wenn sich ein längere Zeit amtierendes geschäftsführendes Kabinett infolge von Unglücks-, Todesfällen oder Amtsniederlegung seiner Mitglieder so sehr verkleinert, daß wegen der Arbeitsüberlastung der einzelnen Minister das Tragen der parlamentarischen Verantwortung nicht mehr sinnvoll möglich ist oder von einem Kollegium überhaupt nicht mehr die Rede sein kann[54], muß dieser Grundsatz eine Ausnahme erleiden. In der Staatspraxis der Bundesrepublik sind diese Probleme bisher noch nicht aktuell geworden, wie auch die Existenz einer nur geschäftsführenden Regierung

---

[50] Vgl. hierzu oben Fußnote 13; in der Praxis ist sogar mehr und mehr zu beobachten, daß der Bundeskanzler bei der Auswahl seiner Minister zwar nicht rechtlich, aber faktisch an die Zustimmung der ihn tragenden Parteien gebunden ist.
[51] Vgl. Kleinertz, a.a.O., S. 161.
[52] So kennzeichnen Geller-Kleinrahm-Fleck, Kommentar, Art. 62, Bem. 6 d, die Rechtslage bezüglich des Ernennungs- und Entlassungsrechts des geschäftsführenden Ministerpräsidenten gem. Art. 52 Abs. 3 der Verfassung von Nordrhein-Westfalen.
[53] Huber, Die Stellung der Geschäftsregierung in den deutschen Ländern, DJZ 1932, Spalte 195.
[54] Vgl. auch oben S. 58 mit Fußnote 93.

auf den Gang der Regierungsgeschäfte keinen Einfluß hatte, da sich der Regierungswechsel jeweils binnen weniger Tage vollzog.

Abschließend kann festgehalten werden, daß der geschäftsführende Bundeskanzler das Antragsrecht nach Art. 68 GG und die Vorschlagsrechte nach Art. 64 und 68 GG nicht besitzt. Die geschäftsführende Regierung ist nicht mehr zur Antragstellung nach Art. 81 GG befugt. Von diesen Ausnahmen abgesehen, stehen dem geschäftsführenden Kollegium sowie seinen einzelnen Mitgliedern sämtliche Befugnisse einer ordentlichen Regierung zu. Inwieweit sich eine, vor allem nur kurzfristig amtierende geschäftsführende Regierung bei der Ausübung von Rechten, die nicht zugleich Pflichten sind, Zurückhaltung auferlegen und insbesondere Entscheidungen von größerer Tragweite vermeiden soll, ist, worauf Anschütz[55] zutreffend hingewiesen hat, nicht eine Frage des Staatsrechts, sondern des politischen Takts.

---

[55] Kommentar, Art. 54, Anm. 7, S. 325.

Zusammenfassung

Die Untersuchung zur Geschäftsregierung nach dem Grundgesetz hat zu folgenden wesentlichen Ergebnissen geführt:

1. Die Notwendigkeit geschäftsführender Regierungen ist eine typische Konsequenz eines auf dem parlamentarischen Prinzip aufgebauten Regierungssystems. Auch das Grundgesetz kann deshalb nicht auf das Institut der Geschäftsregierung verzichten.
2. Die Bestellung eines geschäftsführenden Bundeskanzlers kommt dann in Betracht, wenn der Bundeskanzler die Berechtigung und Verpflichtung zur Amtsführung auf Grund folgender Ereignisse verliert:
   a) durch den Zusammentritt eines neuen Bundestages,
   b) mit dem Zugang der Rücktrittserklärung des Bundeskanzlers an den Bundespräsidenten,
   c) mit dem Tod oder dem Verlust der Amtsfähigkeit des Bundeskanzlers.

   Eine Beauftragung mit der Weiterführung der Geschäfte ist dagegen nicht erforderlich im Falle eines Kanzleraustausches durch ein Mißtrauensvotum nach Art. 67 GG und nach der Wahl eines anderen Bundeskanzlers nach Art. 68 Abs. 1 Satz 2 GG, da der alte Kanzler in beiden Fällen die Berechtigung zur Amtsführung erst mit der Entlassung verliert, die gleichzeitig mit der Ernennung des neugewählten Kanzlers zu erfolgen hat.
3. Bei einem Bundesminister führen folgende Fälle zum Verlust der Berechtigung und Verpflichtung zur Amtsführung:
   a) jede Erledigung des Amtes des Bundeskanzlers, die nach Art. 69 Abs. 2 GG auch die Erledigung des Amtes sämtlicher Minister nach sich zieht,
   b) der Zugang der Rücktrittserklärung eines Bundesministers an den Bundeskanzler,
   c) die Entlassung eines Bundesministers durch den Bundespräsidenten auf verbindlichen Vorschlag des Bundeskanzlers,
   d) Tod und Verlust der Amtsfähigkeit.
4. Ein geschäftsführender Bundeskanzler wird nach Art. 69 Abs. 3 GG in der Weise bestellt, daß der Bundespräsident den Bundeskanzler

ersucht, die Geschäfte bis zur Ernennung seines Nachfolgers weiterzuführen. Dem Sinn dieser Vorschrift entsprechend hat der Bundeskanzler die Geschäfte bis zum Amtsantritt des Nachfolgers zu führen.

Sofern der Amtsantritt des Nachfolgers nicht im unmittelbaren Anschluß an die Beendigung der Amtszeit des Bundeskanzlers erfolgt, ist der Bundespräsident wegen des Verbots der Vakanz im Amt des Regierungschefs verpflichtet, das Ersuchen an den Bundeskanzler zu richten. Der Bundeskanzler ist, abgesehen von dem Fall der Unzumutbarkeit oder im Falle des Verlusts der Amtsfähigkeit, verpflichtet, dem Ersuchen zu entsprechen.

Wegen der dem Ersuchen korrespondierenden Pflicht zur Fortführung der Geschäfte darf nach Art. 69 Abs. 3 GG nur der bisherige Amtsinhaber ersucht werden.

Für den Fall, daß der Bundeskanzler aus tatsächlichen oder rechtlichen Gründen zur Geschäftsführung nicht mehr in der Lage ist, muß dem Bundespräsidenten die im Grundgesetz nicht geregelte Befugnis zur außerordentlichen Ernennung eines geschäftsführenden Bundeskanzlers zugebilligt werden.

5. Aus dem parlamentarischen Regierungssystem des Grundgesetzes folgt, daß jedes Ressortministerium zu jeder Zeit von einem parlamentarisch verantwortlichen Bundesminister geleitet werden muß. Für jeden aus dem Amt scheidenden Ressortminister, nicht dagegen für einen Minister ohne Geschäftsbereich, ist deshalb ein geschäftsführender Minister zu bestellen.

Eine Vertretung nach der gegenwärtig geltenden Stellvertretungsregelung genügt nicht, da der Vertreter-Minister nach § 14 GeschO BReg den vertretenen Minister nur in der Regierung vertritt, eine Vertretung allein durch den Staatssekretär im Ressort aber nicht ausreicht.

Durch ein Ersuchen nach Art. 69 Abs. 3 GG kann wegen des Prinzips der Freiwilligkeit der Übernahme politischer Ämter nur der bisherige Amtsinhaber ersucht werden, da die Einschränkung dieses Prinzips nur für ihn gilt.

Zuständig für das Ersuchen an die Minister ist der Bundeskanzler, der Bundespräsident nur dann, wenn kein Bundeskanzler, auch kein geschäftsführender, vorhanden ist.

Der Bundeskanzler kann auch einen anderen Bundesminister mit dessen Einverständnis mit der Wahrnehmung der Geschäfte eines anderen Ministers betrauen, ohne daß er dazu der Mitwirkung des Bundespräsidenten bedarf. Diese Befugnis, die weder im Grundgesetz noch in der Geschäftsordnung der Bundesregierung geregelt ist, ist begründet in der dem Bundeskanzler zustehenden Organisationsgewalt.

Ist die Amtszeit sämtlicher Bundesminister zu Ende gegangen, muß der Bundeskanzler, um die Mehrbelastung eines Ministers durch die zusätzliche Leitung weiterer Ministerien in Grenzen zu halten, wenigstens so viele Minister um die Weiterführung der Geschäfte ersuchen, daß für den einzelnen das Tragen der parlamentarischen Verantwortung noch sinnvoll möglich ist.

6. Die verfassungsrechtliche Stellung der Geschäftsregierung ist dadurch gekennzeichnet, daß ihr die parlamentarische Legitimation fehlt. Es ist unerheblich, ob die Geschäftsregierung das Vertrauen des Bundestages besitzt. Gleichwohl bleibt sie ihm verantwortlich. Der Bundestag kann der Geschäftsregierung das Mißtrauen nach Art. 67 GG nicht mehr aussprechen; dennoch kann er sie ebenso wirkungsvoll wie eine normale Regierung kontrollieren, da ein Mißtrauensvotum ohnehin nur durch eine Kanzlerneuwahl zu realisieren ist, ein Wahlverfahren aber in Gang gesetzt wird, sobald ein Bundeskanzler geschäftsführend amtiert. Daneben hat der Bundestag die Möglichkeit, mit Hilfe der ihm auch sonst zustehenden Auskunfts-, Informations- und Kontrollrechte, insbesondere durch einfache Mißbilligungs- und Tadelsbeschlüsse, die weiterbestehende parlamentarische Verantwortung zur Geltung zu bringen.

7. Mit Ausnahme des Rechts des Bundeskanzlers zur Stellung der Vertrauensfrage, des Rechts, die Auflösung des Bundestages vorzuschlagen, und des Vorschlagsrechts nach Art. 64 GG sowie des Rechts des Kabinetts, die Erklärung des Gesetzgebungsnotstands durch den Bundespräsidenten nach Art. 81 GG zu beantragen, besitzt jedes geschäftsführende Regierungsmitglied, wie auch das geschäftsführende Kollegium, sämtliche auch einer ordentlichen Regierung zustehenden Befugnisse. Inwieweit sich eine Geschäftsregierung bei der Regierungstätigkeit eine gewisse Zurückhaltung auferlegt, ist lediglich eine Frage des politischen Takts.

Literaturverzeichnis

Amphoux, Jean: Le chancelier fédéral dans le régime constitutionel de la République fédérale d'Allemagne, Paris 1962

Anschütz, Gerhard: Die Verfassung des Deutschen Reiches vom 11. August 1919, 14. Aufl., Berlin 1933, Neudruck, Darmstadt 1960 (zit.: Kommentar)

Anschütz-Thoma: Handbuch des Deutschen Staatsrechts, hrsg. von Gerhard Anschütz und Richard Thoma, Tübingen, Bd. 1 1930

Arndt, Adolf: Wer kommandiert die Bundeswehr? Leserbrief in: Die Zeit, Nr. 40 vom 6. Oktober 1967, S. 30

Bertram: Rücktritt und Geschäftsführung von Ministerium und Minister nach den Verfassungen der Länder und des Reiches, AöR N. F. 23, S. 129 bis 162

Bonner Kommentar: Kommentar zum Bonner Grundgesetz von Abraham, Bühler, Dennewitz u. a., Hamburg 1950 ff. (zit.: Bonner Kommentar)

Böckenförde, Ernst-Wolfgang: Die Organisationsgewalt im Bereich der Regierung. Eine Untersuchung zum Staatsrecht der Bundesrepublik Deutschland, Berlin 1964 (zit.: Organisationsgewalt)

— Die Eingliederung der Streitkräfte in die demokratisch-parlamentarische Verfassungsordnung und die Vertretung des Bundesverteidigungsministers in der militärischen Befehlsgewalt (Befehls- und Kommandogewalt) in: Stellvertretung im Oberbefehl (Veröffentlichungen der Hochschule für Politische Wissenschaften München), München 1966

— Bonn ist nicht Weimar, AöR 92, S. 253

Börner, Bodo: Der Gesetzgebungsnotstand. Ein Beitrag zu Art. 81 des Bonner Grundgesetzes, DÖV 1950, S. 237—240

Braatz: Das Geschäftsministerium in Preußen, DJZ 1932, Spalte 978—981

Criegee, Jürgen: Ersuchen des Parlaments an die Regierung. Grundlagen im Verfassungsrecht. Zulässigkeit und Verbindlichkeit, Diss. jur. Tübingen 1965

Deerberg: Besprechung von Ernst Wolgast, Zum deutschen Parlamentarismus, JW 1929, S. 1784

Doemming, v. - Füßlein-Matz: Entstehungsgeschichte der Artikel des Grundgesetzes, JöR N. F. 1 (1951), S. 1 ff.

Dreher, Eduard: Geschäftsregierung und Reichsverfassung, Diss. jur. Leipzig 1932 (zit.: Geschäftsregierung)

— Das parlamentarische System des Bonner Grundgesetzes im Vergleich zur Weimarer Verfassung, NJW 1950, S. 130 ff.

Dowie, Herbert: Die geschäftsführende Regierung im deutschen Staatsrecht, Diss. jur. Marburg 1933

Eschenburg, Theodor: Staat und Gesellschaft in Deutschland, 3. Aufl., Stuttgart 1958 (zit.: Staat)

— Die Richtlinien der Politik im Verfassungsrecht und in der Verfassungswirklichkeit, DÖV 1954, S. 193—202

Forsthoff, Ernst: Regierungskrise und Regierungsbildung im Herbst 1966, Festgabe für Hans Schomerus, 1967, S. 133—140

Freund, Michael: Der Vizekanzler, in: Die Zeit, Nr. 42 vom 18. Oktober 1956, S. 1 f.

Friesenhahn, Ernst: Parlament und Regierung im modernen Staat, VVDStRL Heft 16 (1958), S. 9—73

Geller-Kleinrahm: Die Verfassung des Landes Nordrhein-Westfalen, 1950

Geller-Kleinrahm-Fleck: Die Verfassung des Landes Nordrhein-Westfalen, Kommentar von Geller-Kleinrahm. Fortgeführt von Kleinrahm und Fleck, 2. Aufl. 1963 (zit.: Kommentar)

Giese, Friedrich: Staatsrecht, Deutsche Verfassungen, Ausländische Verfassungssysteme, Wiesbaden 1956 (zit.: Staatsrecht)

— Die Verfassung des Deutschen Reiches vom 11. 8. 1919, 8. Aufl. 1926

— Grundgesetz für die Bundesrepublik Deutschland vom 23. Mai 1949. Kommentar, 7. Aufl., neu bearbeitet von Egon Schunck, 1965 (zit.: Giese-Schunck)

Giese-Volkmann: Die preußische Verfassung vom 30. November 1920, 2., neu bearbeitete Aufl., Berlin 1926

Glaser, Artur: Die rechtliche Stellung des geschäftsführenden Gesamtministeriums nach der hessischen Verfassung vom 12. Dezember 1919, Diss. jur. Gießen 1934

Glum, Friedrich: Kritische Bemerkungen zu Art. 63, 67, 68 und 81 des Bonner Grundgesetzes, in: Um Recht und Gerechtigkeit. Festgabe für Erich Kaufmann zu seinem 70. Geburtstag — 21. September 1950 — überreicht von Freunden, Verehrern und Schülern, Stuttgart 1950, S. 47—64

— Staatsoberhaupt und Regierungschef, Zeitschrift für Politik, Jahrg. 6 (1959), S. 293—309

— Besprechung von Heinrich Herrfahrdt, Die Kabinettsbildung nach der Weimarer Verfassung unter dem Einfluß der politischen Praxis, AöR N. F. 15, S. 442—456

Gmelin, Hans: Die Frage der Wirkung eines Mißtrauensvotums gegen ein zurückgetretenes Ministerium oder eines seiner Mitglieder, AöR N. F. 22, S. 224—238

Hamann, Andreas: Das Grundgesetz für die Bundesrepublik Deutschland vom 23. Mai 1949, 2. Aufl., Neuwied 1960 (zit.: Kommentar)

Heilbrunn, Otto: Rechte und Pflichten der geschäftsführenden Reichsregierung, AöR 60 (1932), S. 385—403

Herkner, Norbert: Die staatsrechtliche Stellung der Bundesregierung und der deutschen Länderregierungen. Ein verfassungsrechtlicher Vergleich, Diss. jur. Tübingen 1959

Herrfahrt, Heinrich: Die Kabinettsbildung nach der Weimarer Verfassung unter dem Einfluß der politischen Praxis, Berlin 1927

Heydte, Friedrich August, Freiherr von der: Zur Problematik der Befehls- und Kommandogewalt nach Art. 65 a GG, in: Gedächtnisschrift Hans Peters, Heidelberg, New York 1967, S. 526—532

Hieronymus, Wolf: Die Stellung der geschäftsführenden Regierung im Reich und in Preußen, Diss. jur. Marburg 1932, (Kleine Schriften, Reichs- und Landesregierungen, Bd. 3, Nr. 7)

Höcherl, Hermann: Splitterparteien haben keine Chance, in: Bulletin des Presse- und Informationsamtes der Bundesregierung 1965, Nr. 168 vom 15. 10. 1965, S. 1349—1350

Huber, Ernst Rudolf: Die Stellung der Geschäftsregierung in den deutschen Ländern, DJZ 1932, Spalte 194—199

— Quellen zum Staatsrecht der Neuzeit, Bd. 2, Deutsche Verfassungsdokumente der Gegenwart (1919—1951), zusammengestellt von Ernst Rudolf Huber, 1951

Janssen, Friedrich-Wilhelm: Der Bundespräsident. Seine Rechte und Pflichten nach dem Bonner Grundgesetz vom 23. Mai 1949, Diss. jur. Köln 1951

Jellinek, Walter: Verfassung und Verwaltung des Reichs und der Länder, Staatskunde Bd. II, Heft 2, 3., durchgesehener Abdruck, Leipzig-Berlin 1927

— Kabinettsfrage und Gesetzgebungsnotstand nach dem Bonner Grundgesetz, VVDStRL Heft 8, S. 3 ff. (zit.: Gesetzgebungsnotstand)

Junker, Ernst Ulrich: Die Richtlinienkompetenz des Bundeskanzlers, Diss. jur. Tübingen 1963, Tübinger Studien zur Geschichte und Politik, Nr. 20, Tübingen 1965

Kaja, Helmut: Ministerialverfassung und Grundgesetz. Betrachtungen zur Organisationsgewalt des Bundeskanzlers, AöR 89 (1964), S. 381—428

Kerschbaumer, Max: Die Befugnisse des Ministerpräsidenten nach der Verfassung des Freistaates Bayern vom 2. Dezember 1946 im Vergleich zu denen des Bundeskanzlers nach dem Grundgesetz für die Bundesrepublik Deutschland vom 23. Mai 1949, Diss. jur. München 1951

Kimminich, Otto: Das Staatsoberhaupt in der parlamentarischen Demokratie, VVDStRL, Heft 25, S. 2 ff.

Klein, Friedrich: Grundgesetz und unmittelbarer Wechsel vom Mitglied der Bundesregierung zum Bundespräsidenten. Insbesondere: Amtsverlust des Bundeskanzlers infolge Annahme der Wahl zum Bundespräsidenten?, Blätter für deutsche und internationale Politik, Köln, 4. Jahrg. 1959, Sonderdruck zu Heft 6, S. 3—43

Kleinertz, Günther: Die Stellung des Bundeskanzlers nach dem Bonner Grundgesetz (Eine staatsrechtliche Studie), Diss. jur. Heidelberg 1952

Klemmert, Oskar: Die Bildung und Veränderung der Bundesregierung nach dem Bonner Grundgesetz, Diss. jur. Würzburg 1952

Koellreuther, Otto: Deutsches Staatsrecht, 1952

— Parlamentarische Regierung, in: Handwörterbuch der Rechtswissenschaft, hrsg. von Fritz Stier-Somlo und Alexander Elster, Berlin und Leipzig 1927, Bd. IV, S. 384—392

Köttgen, Arnold: Bundesregierung und oberste Bundesbehörden, DÖV 1954, S. 4—10

Köttgen, Arnold: Der Einfluß des Bundes auf die deutsche Verwaltung und die Organisation der bundeseigenen Verwaltung (Berichtszeit 2. und 3. Legislaturperiode), JöR N. F. 11 (1962), S. 173—311

Kratzer, Jakob: Das Geschäftsministerium, Bayerische Verwaltungsblätter, 79. Jahrg., 1931, S. 338—341

Küchenhoff, Erich: Mißtrauensantrag und Vertrauensfrage-Ersuchen, DÖV 1967, S. 116—124

Lammers: Die Geschäftsordnung der Reichsregierung, Staats- und Selbstverwaltung, Zeitschrift für Staats- und Kommunalverwaltungen und -beamte, 1924, S. 380 ff.

Laufkötter, Karl: Die Bildung der Regierung der Bundesrepublik Deutschland, Diss. jur. Köln 1952

Lechner-Hülshoff: Parlament und Regierung, 2., völlig neubearbeitete Aufl., München-Berlin 1960

Loening, Hellmuth: Der ministerialfreie Raum in der Staatsverwaltung, DVBl. 1954, S. 173—180

Mangoldt, Hermann v.: Das Verhältnis von Regierung und Parlament, Deutsche Landesreferate zum III. Internationalen Kongreß für Rechtsvergleichung 1950, Bd. 4, S. 819 ff.

— Das Bonner Grundgesetz, Kommentar, Berlin und Frankfurt 1953 (zit.: Kommentar)

Mangoldt, v. - Klein: Das Bonner Grundgesetz, Kommentar, 2. Aufl., Bd. 2, Berlin und Frankfurt 1964 (zit.: Kommentar)

Marschall v. Bieberstein, Fritz Frhr.: Die Verantwortlichkeit der Reichsminister, HDStR Bd. 1, § 45, S. 520—544

Maunz, Theodor: Deutsches Staatsrecht, 15. Aufl., München und Berlin 1966

Maunz-Dürig: Grundgesetz, Kommentar, München 1960 ff. (zit.: Kommentar)

Menzel, Eberhard: Ermessensfreiheit des Bundespräsidenten bei der Ernennung der Bundesminister? DÖV 1965, S. 581—597

Meyer-Anschütz: Lehrbuch des Deutschen Staatsrechts, 7. Aufl., bearbeitet von Gerhard Anschütz, Berlin 1914—1919

Müller, Trudpert: Der Rücktritt der Regierung und die Rechtsstellung der Regierung nach der Rücktrittserklärung. Eine vergleichende Betrachtung parlamentarischer Verfassungen, Diss. jur. Freiburg 1951

Münch, Fritz: Die Bundesregierung, Frankfurt 1954

Nawiasky, Hans: Die Grundgedanken des Grundgesetzes für die Bundesrepublik Deutschland, Stuttgart 1950 (zit.: Grundgedanken)

— Der Einfluß des Bundespräsidenten auf Bildung und Bestand der Bundesregierung, DÖV 1950, S. 161 ff.

— Das Geschäftsministerium in Bayern, Bayerische Verwaltungsblätter, 80. Jahrg., 1932, S. 33—38

Nawiasky-Leusser-Gerner: Die Verfassung des Freistaates Bayern, Systematischer Überblick und Handkommentar, 2. Aufl., München 1964

Partsch, Karl Josef: Politische Gehilfen, nicht Frühstücksbarone, in: Die Zeit, Nr. 6 vom 10. Februar 1967, S. 7

Pöttgen, Heribert: Die Gegenzeichnung der Amtshandlungen des Bundespräsidenten nach Art. 58 des Grundgesetzes, Diss. jur. Köln 1958

Poetzsch, Fritz: Vom Staatsleben unter der Weimarer Verfassung (vom 1. Januar 1920 bis 31. Dezember 1924), JöR 13 (1925), S. 1—248

Poetzsch-Heffter, Fritz: Vom Staatsleben unter der Weimarer Verfassung (vom 1. Januar 1925 bis 31. Dezember 1928), JöR 17 (1929), S. 1—141; (vom 1. Januar 1929 bis 31. Januar 1933), JöR 21 (1933/34), S. 1—204

— Organisation und Geschäftsformen der Reichsregierung, HDStR Bd. 1, § 44, S. 511—520

— Handkommentar der Reichsverfassung, 3. Aufl., Berlin 1928 (zit.: Handkommentar)

Pohl, Heinrich: Die Zuständigkeiten des Reichspräsidenten, HDStR Bd. 1, § 42, S. 482—502

Rehn, Erich: Das Mißtrauensvotum nach dem Grundgesetz der Bundesrepublik Deutschland, Diss. jur. Marburg 1955

Remè, Jürgen: Die Stellung der Exekutive nach dem Bonner Grundgesetz im Rahmen des parlamentarischen Regierungssystems und des Staatsnotstandes, Diss. jur. Hamburg 1953

Roß, Fritz: Die staatsrechtliche Stellung des Staatsoberhauptes nach der Weimarer Verfassung vom 11. August 1919 und dem Grundgesetz für die Bundesrepublik Deutschland vom 23. Mai 1949, Diss. jur. Würzburg 1962

Schäfer, Hans: Zehn Jahre Grundgesetz, DVBl. 1959, S. 341—346

Scheuner, Ulrich: Über die verschiedenen Gestaltungen des parlamentarischen Regierungssystems, AöR 52 (1927), S. 209—232 und 337—380

— Das parlamentarische Regierungssystem in der Bundesrepublik Deutschland, Probleme und Entwicklungen, DÖV 1957, S. 633—638

Schlochauer, Hans-Jürgen: Öffentliches Recht, Grundzüge des Bundesstaatsrechts und des allgemeinen Verwaltungsrechts in der Bundesrepublik Deutschland unter Berücksichtigung der Verbindung zum Völkerrecht, 1957

Schmitt, Carl: Verfassungslehre, 3., unveränderte Aufl., Berlin 1957

Schmidt = *Bleibtreu-Klein:* Kommentar zum Grundgesetz der Bundesrepublik Deutschland, 1967 (zit.: Kommentar)

Schneider, Hans: Kabinettsfrage und Gesetzgebungsnotstand nach dem Bonner Grundgesetz, VVDStRL Heft 8, S. 3—54

Schneider, Oskar: Die Ministerverantwortlichkeit in der Bundesrepublik Deutschland, Diss. jur. Würzburg 1959

Schüle, Adolf: Oberbefehl, Personalausschuß, Staatsnotstand, Betrachtungen zur neuen Wehrordnung, JZ 1955, S. 465—469

Sellmann, Klaus-Albrecht: Der schlichte Parlamentsbeschluß. (Eine Studie zum Parlamentsakt außerhalb des Gesetzgebungsverfahrens, dargestellt an Beschlüssen des Bundestages und des Bayerischen Landtages), Schriften zum Öffentlichen Recht, Band 29, Berlin 1966

Steinbrenner, Arnold: Grundgesetz und Regierungsbildung, Diss. jur. Heidelberg 1952

Stier-Somlo, Fritz: Geschäftsministerium, laufende Geschäfte, ständiger Ausschuß und Notverordnungen nach preußischem Verfassungsrecht, AöR 48 (1925), S. 211—224

Thoma, Richard: Die rechtliche Ordnung des parlamentarischen Regierungssystems, HDStR Bd. 1, § 43, S. 503—511

Ule, Carl, Hermann: Der Wehrbeauftragte des Bundestages, JZ 1957, S. 422 bis 429

U. M.: Mißbilligungsvoten gegen Bundesminister, AöR 76 (1950), S. 338—342

Vogels, Alois: Die Preußische Verfassung, 2., neubearbeitete Aufl., Berlin 1927

Waldecker, Ludwig: Die Verfassung des Freistaates Preußen vom 30. November 1920, Kommentar für Wissenschaft und Praxis, 2. Aufl., Berlin 1928

Wasser, Karl-Heinz: Die Stellung des Bundespräsidenten nach dem Grundgesetz für die Bundesrepublik Deutschland vom 23. Mai 1949, Diss. jur. Köln 1951

Weber, Werner: Parlamentarische Unvereinbarkeiten, AöR 58 (1930), S. 161 bis 254

— Weimarer Verfassung und Bonner Grundgesetz, Kleine Schriften zum neuen Verfassungsrecht, Bd. 1, Heft 7, Göttingen 1949

Wick, Georg v.: Die Verantwortlichkeit der Bundesminister, DÖV 1956, S. 113—115

Wider, H.: Geschäftsregierungen in Reich und Ländern, Zeitschrift für die freiwillige Gerichtsbarkeit und die Gemeindeverwaltung in Württemberg und Jahrbücher der württembergischen Rechtspflege Stuttgart, 74. Jahrg. (1932), S. 177—193 und 209—226

Wuermeling, F. J.: Die rechtlichen Beziehungen zwischen dem Reichspräsidenten und der Reichsregierung, AöR 50, S. 341 ff.

Zinkeisen, Ulrich: Die Geschäftsordnung der Reichsregierung in ihrem Verhältnis zur Verfassung, Diss. jur. Hamburg 1929, Universitätsarchiv Nr. 22, Münster 1929

Printed by Libri Plureos GmbH
in Hamburg, Germany